ÉLOGE DU BLASPHÈME

DU MÊME AUTEUR

INNA, Grasset, 2014.
LIBRE CHERCHEUR, Flammarion, 2013 (avec Etienne-Emile Baulieu).
QUAND LA GAUCHE A DU COURAGE. *Chroniques résolument laïques, progressistes et républicaines*, Grasset, 2012.
LA VIE SECRÈTE DE MARINE LE PEN, Grasset-Drugstore, 2012 (avec Jean-Christophe Chauzy).
MARINE LE PEN, Grasset, 2011 (avec Fiammetta Venner) ; Le Livre de Poche, 2012.
LIBRES DE LE DIRE, avec Taslima Nasreen, Flammarion, 2010.
LES INTERDITS RELIGIEUX, Dalloz, 2010 (avec F Venner).
LA DERNIÈRE UTOPIE. *Menaces sur l'universalisme*, Grasset, 2009.
LA TENTATION OBSCURANTISTE, Grasset, 2005 ; Le Livre de Poche, 2008.
LES NOUVEAUX SOLDATS DU PAPE. *Légion du Christ, Opus Dei, traditionalistes*, Panama, 2008 ; Le Livre de Poche, 2010 (avec F Venner).
LE CHOC DES PRÉJUGÉS. *L'impasse des postures sécuritaires et victimaires*, Calmann-Lévy, 2007.
CHARLIE BLASPHÈME, Charlie Hebdo Éditions, 2006.
FRÈRE TARIQ. *Discours, stratégie et méthode de Tariq Ramadan*, Grasset, 2005 ; Le Livre de Poche, 2010.
TIRS CROISÉS. *La laïcité à l'épreuve des intégrismes juif, chrétien et musulman*, Calmann-Lévy, 2003 ; Le Livre de Poche, 2005 (avec F Venner).
FOI CONTRE CHOIX. *La droite religieuse et le mouvement prolife aux États-Unis*, Golias, 2001.
LE GUIDE DES SPONSORS DU FRONT NATIONAL ET DE SES AMIS, Paris, Raymond Castells, 1997 (avec F Venner).

Pour suivre Caroline Fourest : http://carolinefourest.wordpress.com

CAROLINE FOUREST

ÉLOGE DU BLASPHÈME

BERNARD GRASSET
PARIS

Photo de la bande : JF Paga © Grasset, 2015.

ISBN : 978-2-246-85373-2

Tous droits de traduction, de reproduction et d'adaptation réservés pour tous pays.

© *Éditions Grasset & Fasquelle, 2015.*

A toutes les victimes du fanatisme
et du terrorisme, où qu'il frappe.
Aux « survivants » de *Charlie*.

Prologue

De quoi parlions-nous le matin de l'attentat ? Je ne sais plus. Au téléphone, j'entends juste : « Charb est mort. » Comment vérifier cette confidence absurde, lâchée entre deux sanglots.
Charb ne répond pas au téléphone. Dans ma tête, ça tourne en boucle : « Les salauds. Ils l'ont fait. » Ces menaces, on en parlait depuis neuf ans, depuis l'affaire des caricatures, traversée ensemble. On en riait parfois pour conjurer la peur, jamais par naïveté. Le risque existait. Charb le savait. Il était protégé. J'ai envie de croire qu'il n'a qu'une éraflure, qu'il leur a ri au nez, qu'il va s'en tirer.
Aux informations, on parle d'une « fusillade » et de « dix blessés », peut-être graves. J'ai besoin de savoir, j'ai besoin de les voir.
Les policiers ont déjà dressé des barrages. Des passants cherchent à comprendre. Richard Malka,

l'avocat de Charlie, *vient d'arriver. Jeannette Bougrab aussi. On court ensemble. La police nous laisse passer. Des journalistes sont là, les officiels aussi. Le président, la maire de Paris, ses adjoints. Eux savent déjà. Le regard des secouristes achève nos espoirs. Charb est bien mort. Son corps gît à quelques étages de là et il n'est pas le seul à être tombé. «N'allez pas voir.» Le chef des secouristes parle d'«une vraie scène de guerre».*

Le théâtre en face du journal a été réquisitionné pour accueillir les rescapés, blottis comme des ombres sur des sièges de velours. Luz a survécu. C'était son anniversaire. Il a traîné au lit. Une bougie, de l'amour et quelques minutes de retard l'ont sauvé. Il sait déjà ce que cela veut dire. Le poids du monde vient de l'ancrer à jamais dans le sol d'une terre qu'il préfère en papier.

Catherine aussi était en retard. La mort l'a épargnée de peu. Quelques sièges plus haut, Sigolène évacue cet instant fou où elle a croisé le regard du tueur, «un beau regard», qu'elle a soutenu avec ses yeux clairs. Sauvée. «Puisque je t'épargne, tu pourras lire le Coran.» Quelle mauvaise pièce.

Patrick Pelloux revient. Lui sait qui est à l'hôpital et qui n'est plus. Quand il est entré dans la salle de rédaction, il a vu leurs corps dans leur sang. Leurs cœurs ne battaient plus. Leurs rires ne reviendront plus.

Chaque nom qu'il égrène entre deux larmes nous saisit. Cabu... Ils ont tué Cabu. Le dieu du dessin, l'homme le plus doux au monde, avec une kalachnikov. Quelle folie.
Et Tignous. Pas Titi. Avec ses cheveux en bataille, son accent de titi parisien et son sourire tendre. Personne ne peut vouloir tuer Tignous s'il l'a vu sourire une fois dans sa vie.
Et Wolin ? L'homme qui aimait les femmes en les dessinant. Qui peut bien en vouloir à Wolinski ?
Et Honoré ? Qui peut en vouloir à ce géant doux, timide, qui aimait marcher et raconter Paris ?
Au milieu des cris qui viennent du fond du théâtre et des pleurs des familles qui arrivent, le nom de « Bernard Maris » me coupe les jambes. Sa rébellion douce et ferme contre le capitalisme ne l'empêchait jamais de croire en un monde meilleur, ni de profiter du meilleur de cette vie. Un être aussi vivant, aussi curieux et aussi intelligent rayé de nos vies, ça n'a pas de sens.
Et Elsa qui soigne les consciences ? Et Mustapha le correcteur érudit, qui se consolait de sa Kabylie natale en aimant la langue française, qu'il rendait si noble ? Et Franck, le protecteur de Charb, qui n'avait qu'une arme de poing contre une arme de

guerre ? Et ce policier, Ahmed, abattu lâchement quelques rues plus loin ?

Quel cauchemar. A l'intérieur du théâtre, l'intensité de nos douleurs sert de chaleur. Mais bientôt il faudra sortir. Dehors, dans la lumière crue du monde, l'histoire attend de mettre des mots et un sens sur l'horreur.

A l'extérieur, il y a des millions d'êtres prêts à prendre mes camarades dans leurs bras. Le soir même, certains se réunissent spontanément place de la République. Leurs bougies réchauffent. Le 11 janvier, la plus belle des réponses déferle dans les rues. Quatre millions. Une marée douce. Une communion nationale, digne de la libération de Paris. Qui n'a pas frôlé le pavé ce jour-là ne sait pas de quoi est capable ce pays.

Ils sont restés des heures dans le froid avant de pouvoir marcher, à se sentir réchauffés par cette fraternité. A Nation, ils ont grimpé sur la statue comme dans un tableau de Delacroix. Ce n'est plus une femme aux seins nus qui incarne la liberté, mais un jeune homme brandissant un crayon. Aux pieds des monuments, d'autres bougies brûlent d'une lumière tranquille. On y dépose des livres de poèmes. On chante la fraternité. On craignait des incidents. Il n'est venu que de la solidarité.

Les citoyens ont bravé la peur d'être agressés, blessés, ou tués, pour respirer l'air rassurant d'être ensemble. Malgré les miasmes de ceux qui chipotent et craignent la récupération. En agitant des pancartes « Je suis Charlie » et quelques drapeaux français. Pacifiquement, tendrement. Aucune écume de haine n'est sortie de cette houle réconfortante, belle, déterminée, triste mais joyeuse, rebelle et unie. Aucun frisson déplacé, aucune rage. Ce n'est pas une manifestation « contre », mais une marche « pour ». Un pur moment de partage.

Devant nous Paris est vide. La tête du cortège glisse lentement sur le boulevard Voltaire. Des familles aux fenêtres déploient leurs drapeaux « Je suis Charlie » et applaudissent. Sur les côtés, Paris est noire de monde, à en repousser les murs des faubourgs. Des visages de toutes les couleurs sourient. Un homme crie « je suis musulman et je vous soutiens ». « Vive Charlie », « Nous sommes avec vous », « Nous n'avons pas peur », « Nous sommes debout ». Des plus jeunes sur les épaules de leurs parents disent merci. Merci *Charlie*.

Postés en première ligne, mes camarades se serrent les uns contre les autres, façon kamikazes, un petit bandeau blanc distribué par le Service d'ordre noué sur le front. « Même pas mal », serait mentir. « Même pas peur », c'est tenir.

Un peu plus tôt, certains membres de l'équipe sont allés vers la famille de Franck, le protecteur de Charb, pour se prendre dans les bras. Les proches de Clarissa, la policière municipale tuée par Coulibaly, sont foudroyés. Tout comme les familles de l'Hyper Cacher, décimées par le même terroriste.

Luz a quitté un instant la première ligne pour crayonner, comme s'il s'agissait d'un reportage, comme s'il pouvait l'immortaliser et le désacraliser en même temps, d'un coup de feutre. Tous les personnages que *Charlie* croque à l'année sont derrière. Quarante chefs d'Etat, dont certains marchent plus souvent sur la liberté de la presse qu'à ses côtés. Le ministre des Affaires étrangères russe, dont la « justice » a envoyé dans un camp les Pussy Riot pour avoir blasphémé contre Poutine dans une cathédrale. Le Premier ministre turc, dont la « justice » poursuit un caricaturiste pour avoir offensé son président islamiste. Les Emirats sont venus en force. Le Qatar a envoyé le frère de l'émir. L'Arabie Saoudite son ministre des Affaires étrangères... tout en continuant de faire saigner le dos du blogueur Raif Badawi, condamné à mille coups de fouet pour avoir « ridiculisé l'islam », considéré comme « apostat » pour cette phrase : « Les musulmans, chrétiens, juifs et athées sont tous égaux. »

Sous ces latitudes, un journal satirique comme *Charlie Hebdo* ne tiendrait pas un jour. Dans ces pays enchaînés, on ne peut rien faire, sauf manifester contre ceux qui questionnent le sacré. Si un journaliste ou un dessinateur lève son crayon, il se fait intimider, emprisonner ou assassiner, avec la complicité de l'Etat et d'une partie de l'opinion, écrasée ou trop lâche pour se révolter. Dans ces régimes, l'incitation à la haine est la règle, et non l'exception.

En France, le racisme peut frapper, mais il est puni par la loi. Les lâches peuvent tirer, mais on pleure leurs victimes comme des héros. Ce n'est pas un hasard climatique. Des siècles de lutte ont permis d'arracher cette démocratie laïque à la dictature du sacré grâce au « blasphème ». Notre bien le plus sacré.

Ce mot venu du latin *blasphemia* peut être péjoratif dans la bouche d'un croyant offensé et noble dans la bouche d'un libre-penseur. Le Larousse le définit comme une « parole ou discours qui outrage la divinité, la religion ou ce qui est considéré comme respectable ou sacré ».

On s'en sert pour défier les tabous comme les puissants, les rois comme les dieux. Le blasphème a longtemps été considéré comme un délit. Jusqu'à ce que la Révolution française l'abolisse. Un temps restauré, l'« outrage à la morale publique et religieuse » a succombé aux lois sur la liberté de la presse de 1881. Depuis, en République, le blasphème n'est plus un délit mais un droit[1].

Il en a fallu des combats, des mots affûtés et des caricatures outrancières, contre les prêtres et plus rarement contre Jésus, pour remettre l'Eglise à sa place, négocier un compromis et obtenir la fameuse séparation des Eglises et de l'Etat consacrée par 1905. Cette séparation fragile protège aussi bien les athées que les croyants. Elle est de nouveau menacée. Par des fanatiques ridicules, capables de tuer pour un dessin raillant leur incapacité à l'humour. Leurs balles et leurs complices tentent de défaire des siècles de lutte et de lois.

La marche du 11 janvier a voulu défier cette peur. Elle exprime le refus de régresser. Cette communion, cet instant de grâce, suspendu entre nos peines et notre refus d'être terrorisés,

---

[1]. Sauf en Alsace-Moselle. Pour plus de détails, voir Alain Cabantous, *Histoire du blasphème en Occident*, Albin Michel, 1998.

nous a donné collectivement la force d'avancer et d'écrire l'après.

Je n'ai jamais été très croyante. Mais dans ces moments d'intense communion, je crois en l'humanité.

J'y crois aussi quand la revue jésuite *Etudes* décide de publier les pires caricatures du pape sur son site, par solidarité. Même celles où Benoît XVI part se marier avec un garde suisse. Même celle où le pape François se balade avec une plume dans les fesses à Rio.

J'y crois quand des confrères de toutes sensibilités se mobilisent pour faire des dons à *Charlie* et se mettent à publier des textes ciselés, pointus et lucides, que je rêvais de lire depuis tant d'années.

J'y crois quand des foules spontanées descendent dans les rues d'Europe, de New York, d'Istanbul en criant « Je suis Charlie ».

J'y crois quand des journalistes turcs publient les dessins de *Charlie* en prenant le risque d'être tués. Quand d'autres soutiennent *Charlie* au Liban. Quand des confrères algériens ou jordaniens me disent avoir perdu le sommeil à cause de l'attentat.

J'y crois quand des millions de lecteurs font la queue pour acheter le numéro des survivants et permettent à *Charlie* d'imaginer l'avenir.

J'y crois en voyant ces affichettes « Je suis Charlie », sur tous les murs, restées pendant des semaines.

J'y crois quand un monde d'observateurs endormis se réveille et promet de ne plus fermer les yeux sur ce qui menace notre droit de rire et de penser.

Mais le pire guette aussi.

Des êtres froids n'ont pas attendu que l'on enterre nos camarades pour cracher sur leurs cadavres.

Des irresponsables ont recommencé à fabriquer des cibles, avec leurs mots piégés, leurs esprits tordus et leurs aveuglements complices. En confondant le fait de blasphémer avec de l'« islamophobie ».

D'autres renvoient dos à dos un massacre et un blasphème.

Des faux dévots nous expliquent que le meilleur remède au fanatisme serait de revenir au tabou et au sacré.

Outre-Manche ou Atlantique, des marchands d'actualités nous donnent des leçons de « responsabilité ». Exploiter le sang et montrer des exécutions oui, mais ne pas « offenser » les croyants.

Des hypocrites se contentent de chuchoter : « Je suis Charlie mais... »

Prologue

Des incendiaires ont la décence d'admettre qu'ils sont plutôt « Charles Martel ». Leurs complices de brasier se sentent plutôt « Charlie Coulibaly ».

Des paranoïaques racontent sur Internet et dans les cours d'école qu'il s'agit d'un coup monté. Parce que les rétroviseurs des tueurs ont un reflet et qu'ils n'ont pas vu le sang d'Ahmed gicler. Des enfants perdus les croient. Pour eux, l'attentat n'est plus un crime intégriste mais un complot contre les musulmans[1]. Les terroristes sont victimes. Et les morts sont coupables.

En quelques mots, ils viennent de renverser le monde.

Entre deux balles qui sifflent, il faut bien le remettre à l'endroit. Nos mots contre leur mauvaise foi et leurs crachats. Pour tenter d'être fidèles. A nos camarades, à nos combats communs et à ce fil de lucidité qui nous tient en vie, comme seule réponse à l'obscurité.

---

[1]. D'autres prétendent que les tueurs n'étaient pas islamistes parce que sous le coup de l'émotion, le soir du massacre au journal de 20 heures, j'ai confondu les yeux clairs de Sigolène et ceux du tueur qui la tenait en joue. Le fait d'avoir parlé d'« yeux bleus », avant de me reprendre et de corriger aussitôt, serait la preuve que les tueurs n'étaient pas les frères Kouachi !

Ils ne sont pas Charlie

Combien de jours allaient-ils patienter avant de tirer sur l'« esprit du 11 janvier » ?
Mes camarades de *Charlie* ne se faisaient aucune illusion. L'affaire des caricatures, l'incendie criminel, des années à vivre menacés et à devoir se justifier, les ont rendus méfiants. Dans le numéro des survivants, Gérard Biard, le rédacteur en chef, guettait les « oui mais ». Oui bien sûr, c'est triste, ils sont morts, « mais » ils l'ont un peu cherché. Ils n'auraient pas dû provoquer... Un peu comme après un viol, lorsqu'on réconforte la victime tout en lui faisant remarquer que sa jupe était trop courte. Les procès d'intention ont repris, presque là où ils en étaient. Comme si de rien n'était.
Seule consolation, au milieu de ce drame, leur mesquinerie se voyait. Plus qu'avant, de plus loin. Mais leur danger, lui, a changé de nature. Plus

personne ne peut ignorer combien ces attaques peuvent isoler, affaiblir et armer. Face à une telle menace, qui refuse encore de se dire *Charlie* ?

Ses adversaires de toujours, mais pas seulement. Dans la galaxie des « non Charlie », on trouve de tout. De vrais racistes qui aimeraient bien passer pour des laïques. De faux antiracistes qui servent d'alliés aux intégristes. Une collection d'artistes sans humour ni courage. Et des intellectuels passés maîtres dans l'art de semer la confusion et le brouillard au lieu d'éclaircir l'horizon.

Plutôt « Charles Martel »

Elsa Wolinski a tout de suite angoissé à l'idée que la mort de son père puisse servir à faire monter l'extrême droite : « Je voudrais vraiment qu'on ne vote pas Le Pen après. » C'est bien l'« esprit Charlie » et non le FN qui traumatise les terroristes. *Charlie* et non le FN qui était visé par Al Qaïda. Comme deux entités que tout oppose. Mais dans l'esprit de certains Français, fatigués ou bornés, l'extrémisme et le rejet semblent plus appropriés que l'humour, la laïcité et la fraternité. Marine Le Pen le sait et compte bien en jouer.

Comme souvent, elle est la première à ouvrir le bal de la désunion. Beaucoup trop tôt. Un ratage complet. Des années à prospérer sur l'infâme vous ferment le cœur à toute pudeur quand il s'agit de tenter un « coup » politique. La famille Le Pen, de loin la plus cynique de toutes nos dynasties politiques, s'est surpassée.

Quelques heures après le massacre, Marine Le Pen fait le tour des plateaux pour pleurer sur son sort. Elle qui se voyait déjà marcher en tête de cortège pour *Charlie* se dit si déçue de ne pas avoir eu droit à un carton d'invitation. Elle a bien été reçue à l'Elysée, comme tous les représentants de partis, mais ce n'est pas assez. Sur les plateaux, on l'interroge, on s'interroge : « Pourquoi n'a-t-elle pas été invitée à la manifestation du 11 janvier avec les chefs d'Etat et les grandes personnalités ? A-t-elle été maltraitée ? » Ainsi donc, ce n'est pas *Charlie Hebdo* mais Madame Le Pen qu'il faudrait consoler. Notamment d'avoir un père, qui bat tous les records d'indécence.

Moins de quarante-huit heures après le massacre de *Charlie,* Jean-Marie Le Pen a détourné le fameux slogan sur Twitter : « Keep calm and vote Le Pen. » Accusé de récupération grossière, le vieux chef se fâche : « Qu'est-ce que c'est que cette histoire de récupération politique ? On ne peut pas appeler à voter quand on veut ? Est-ce que je dois m'habiller en noir ? Je déplore la disparition de douze Français. Mais je ne suis pas Charlie du tout, je suis Charlie Martel si vous voyez ce que je veux dire ! »

Le jour où quatre millions de Français communient avec les victimes des attentats de Paris, il organise une conférence de presse à Tarascon, pour annoncer sa candidature aux élections régionales et vomir au passage sur ces manifestants : « Des charlots » qu'il rend « responsables de la décadence de la France ». Il va plus loin lors d'un entretien accordé à *Komsomolskaïa Pravda* (« La vérité de la Jeunesse communiste »), un journal russe dont la couverture des attentats de Paris se résume à cette « une » : « L'attentat à Paris a-t-il été organisé par les Américains ? » Encouragé par une journaliste qui l'admire et le présente comme une « légende en France », Jean-Marie Le Pen aurait déclaré : « *Charlie Hebdo* était l'ennemi de notre parti. Tous ces politiques qui ont manifesté ne sont pas des Charlie mais des charlots (…) incapables de protéger leur pays de l'arrivée des immigrés du Sud[1]. » Quelques

---
1. Alla Chevelkina, Pierre Chausse, « Attentats : Jean-Marie Le Pen adepte de la théorie du complot », lexpress.fr, 18 janvier 2015.

mots plus loin, il enfourche volontiers le thème du complot : « La carte d'identité oubliée par les frères Kouachi me rappelle le passeport qui était tombé de l'avion en feu le 11 Septembre. Tout New York brûlait et ce passeport était resté intact. On nous dit que les terroristes étaient des idiots et que c'est pour ça qu'ils auraient laissé le document dans la voiture. L'exécution de *Charlie Hebdo* porte la signature d'une opération des services secrets. Mais nous n'avons pas de preuves. Je ne pense pas que les organisateurs de ce crime soient les autorités françaises mais elles ont permis que ce crime ait lieu. Pour l'instant, ce ne sont que des soupçons. »

Une position mieux assumée par Jérôme Bourbon de *Rivarol*, le plus vieux journal antisémite français : « Ni Charlie ni Charia, ni Mossad ni CIA ! »

Bien sûr, comme à chaque fois que ses propos font scandale, Jean-Marie Le Pen mettra ses déclarations sur le compte d'un problème de traduction, tout en continuant à se dire sceptique sur France Info, sans problème de traduction possible : « Je suis simplement étonné que les tueurs aient laissé une carte d'identité dans la voiture. Je trouve étonnant qu'il n'y ait plus de protection policière devant *Charlie Hebdo* au moment des attentats. Je m'interroge car je suis candide. J'ai le regard d'un homme libre sur ces attentats. Je veux la vérité, c'est tout. »

S'il y a une antienne à laquelle le fondateur du Front national est abonné, comme les islamistes, c'est bien la théorie du complot. Que ce soit à propos du 7 janvier ou du 11 Septembre, qu'il soupçonne aussi d'être un coup monté comme il nous l'avait déclaré tout de go lors d'un entretien enregistré : « Je trouve que tout ça est suspect, pour ne rien vous cacher. Je sais que les Américains ont l'habitude systématique de créer eux-mêmes les événements dont ils ont besoin pour déclencher leurs opérations[1]. »

Rien d'étonnant à ce que Jean-Marie Le Pen soit devenu la coqueluche française de la presse iranienne ou russe, propagandiste, complotiste et antioccidentale. Même islamiste, un attentat visant *Charlie Hebdo* et des Juifs ne peut qu'exciter son imagination fertile. Quant à son sens de l'humour, on sait depuis longtemps qu'il préfère les blagues sur les fours crématoires à celles sur la religion. Son humoriste préféré, celui dont il va voir les spectacles et qui l'a choisi pour être le parrain de sa fille,

---

[1]. Caroline Fourest, Fiammetta Venner, *Marine Le Pen*, Grasset, 2012.

ne s'appelle pas *Charlie* mais Dieudonné. Et lui non plus n'est pas *Charlie.* Il se dit plutôt « Charlie Coulibaly ». Mi-humoriste. Mi-terroriste. Pas très présentable quand on veut gagner des voix dans un pays traumatisé par le terrorisme.

Alors comme toujours, la présidente du FN a pris ses distances avec son père, son mentor, son modèle et le président d'honneur de son parti. A lui d'engranger les voix des antisémites, à elle de ratisser large en se faisant passer pour républicaine. Ce sont pourtant les candidats qu'elle a recrutés, et non ceux de son père, qui multiplient les propos intégristes, racistes, homophobes ou antisémites. Ils ne sont exclus que lorsqu'ils se font attraper par la presse. Et encore, pas toujours. Dans l'Allier, le Front national a présenté un chanteur de charme vieillissant, persuadé de ne pas avoir fait carrière à cause du lobby juif : « Même dans le show-biz je suis bloqué partout, et un producteur juif, "Patrick Jaoul", me l'avoue directement [...] il m'a dit "comme tu n'es pas juif tu n'auras jamais droit aux télés aux radios et tu seras barré car nous avons l'argent et tout nous appartient, tu ne pourras jamais y arriver" !!! Voilà comment nous sommes traités par ces gouvernements depuis des décennies, nous les "goys", vivement une vraie révolution française [...] vive Marine Le Pen vite[1] !!! » Un message relayé par une autre candidate FN. Xavier Sainty n'est pas un félon mais un fidèle de la présidente, à qui il dédie ses compositions : « Oh divine Marine au visage d'un ange/Tu sais lire la détresse dans nos cœurs malheureux... »

Dans *Revenus du Front*, Nadia et Thierry Portheault, une ancienne candidate du Front national et son mari, démontrent que Marine Le Pen peut couvrir des militants très douteux et même les placer à la tête de fédérations contre l'avis de militants de base s'ils ne sont pas découverts par la presse ou gênants en interne[2]. Il suffit d'enquêter sur « le nouveau FN » pour se convaincre, sans l'ombre d'une hésitation, que Marine Le Pen porte les couleurs d'un parti qui favorisera le fanatisme, le complotisme, le racisme et torpillera la laïcité au nom des valeurs chrétiennes une fois au pouvoir. Ceux qui en doutent nous prennent pour des idiots ou se mentent à eux-mêmes.

---

1. Le 14 février, L'Entente, un observatoire du FN, publiait une capture d'écran de son compte Facebook. Voir aussi http://www.lentente.net/une-candidate-fn-partage-la-theorie-du-complot-juif/ ou encore *Libération*, 25 février 2015.
2. Nadia et Thierry Portheault, *Revenus du Front*, Grasset, 2014.

Ils ne sont pas Charlie 29

Même si le côté incontrôlable de son père peut réellement l'agacer, même si elle ne partage pas toutes ses déclarations à voix haute, il n'en reste pas moins son modèle absolu.

Son autre inspiration vient de Russie, où elle a non seulement trouvé de quoi financer son parti (un prêt de 9 millions d'euros accordé par une banque russe) mais un héros : Vladimir Poutine[1]. Un « patriote » avec qui elle avoue défendre des « valeurs communes » comme « l'héritage chrétien »[2]. Nous parlons d'un homme qui jure d'humilier l'Europe, finance ses ennemis de l'intérieur, écrase voire élimine tout contre-pouvoir, s'acoquine avec une oligarchie corrompue, transforme la presse en outil de propagande et rêve de refonder un empire sur des bases intégristes. Quel modèle. Et pourtant, Marine Le Pen le soutient, qu'il viole la souveraineté de l'Ukraine, complote contre l'Europe, persécute les Pussy Riot au nom du blasphème ou déclare – sans rire – tenir bien en main l'enquête sur l'assassinant de son opposant, Boris Nemtsov. Loin d'émettre un doute, Marine Le Pen a déclaré faire « confiance à la justice russe ».

---

[1]. *Le Monde*, 23 novembre 2014.
[2]. « Marine Le Pen salue Vladimir Poutine avec qui elle défend des "valeurs communes" », site du *Monde*, 18 mai 2014.

Le seul fait que sa présidente puise son modèle en Russie, principale menace contre les intérêts français après les terroristes islamistes, démontre que le FN n'a jamais été et ne sera jamais ni républicain, ni laïque, ni un parti comme les autres. Comme le dit si bien Jean-Marie Le Pen, il n'est pas *Charlie* mais « Charles Martel », partisan d'une croisade, d'une restauration de l'identité chrétienne sur le dos des musulmans. Il n'est pas laïque, mais clérical et xénophobe. Les Français vont-ils continuer à se laisser berner ?

L'« esprit Charlie » ne suffira pas à faire reculer la tentation nationaliste et raciste. Mais il reste le meilleur antidote qu'on puisse lui opposer. A l'inverse, ceux qui trouvent des circonstances atténuantes aux Kouachi et autres Coulibaly sont assurément ses meilleurs atouts.

Des tartuffes intégristes

En démocratie, un malheur n'arrive jamais seul. De nos jours, rien ne réussit mieux à l'extrême droite que les discours alambiqués et hypocrites de certains représentants médiatiques de l'islam politique. A ce petit jeu, Tariq Ramadan, l'intellectuel-prédicateur, à la barbe et au double discours bien taillés, est de loin le plus doué. On lui coupe le sifflet ? Il repousse après chaque attentat. Le 11 Septembre fut son heure de gloire. Sa renaissance. Après avoir été adulé dans les années 1990 par les médias suisses, où il était présenté comme un grand moderniste, son image s'est ternie lorsque des journalistes plus curieux ont découvert qu'il n'était pas seulement le petit-fils du fondateur de l'islam fasciste des Frères musulmans, Hassan al-Banna, mais celui qui l'enseigne aux musulmans européens comme un modèle : « J'ai étudié en profondeur la pensée de Hassan al-Banna et je ne renie rien de ma filiation. Sa relation à Dieu, sa spiritualité, son mysticisme, sa personnalité en même temps que sa pensée critique sur le droit, la politique, la société et le pluralisme restent des références pour moi, de cœur et d'intelligence[1]. »

Un aveu terrifiant quand on connaît l'histoire des Frères musulmans. Chaque mot est pesé pour nier le fanatisme et le totalitarisme prôné par Banna, fondateur d'un mouvement qui a demandé à Nasser d'imposer le voile en Egypte,

---

1. Alain Gresh, Tariq Ramadan, *L'Islam en questions*. Débat animé et présenté par Françoise Germain-Robin, Sindbad, 2002, p. 33-34.

de « fermer les dancings, les lieux libertins », d'« interdire la danse et tout contact gestuel entre un homme et une femme[1] », la mixité sur les campus et pour qui « la bannière de l'islam doit couvrir le genre humain ». Sa pensée et sa méthode, celle du double discours, ont inspiré tous les partis fascisants se revendiquant de l'islam politique, que ce soit en Egypte ou en Algérie dans les années noires. Une partie du prestige des frères Ramadan, Tariq et son frère Hani, s'est envolée lorsque la presse suisse a compris les liens de leur famille avec les islamistes algériens. Entre le Centre islamique de Genève hérité de leur père (organisateur de la branche internationale des Frères musulmans) et les militants du FIS et même du FIDA, l'un des groupes chargés du meurtre des intellectuels et des artistes en Algérie[2].

Concentré sur les relations extérieures des Frères, chargé de séduire les altermondialistes, présenté comme un intellectuel sur les plateaux de télévision, Tariq Ramadan n'approuve pas les attentats, bien sûr. Il les condamne. Mais s'en sort presque à chaque fois par une

---

1. Hassan al-Banna, « Les cinquante demandes du programme des Frères musulmans (1936) », *Islam de France*, n° 8, octobre 2000.
2. Caroline Fourest, *Frère Tariq*, Grasset, 2005, p. 121.

pirouette très pratiquée par les islamistes et leurs « idiots utiles » après chaque attentat en Algérie. La technique du « Qui tue qui ? ». Qui commet des attentats ? Les islamistes, vraiment, ou les services secrets ? A qui profite le crime ?

Une petite chanson fredonnée au lendemain du 11 septembre 2001 comme au lendemain de l'attentat du 7 janvier. Sur Al Jazeera (version anglaise), Tariq Ramadan tient à peu de chose près le même discours que Jean-Marie Le Pen : « Il y a beaucoup de questions qu'il faut encore poser. Par exemple, ce qui est arrivé le 11 septembre [2001] ; ce qui est arrivé à Madrid ; ce qui est arrivé à Londres ; ce qui arrive maintenant en France. On a entendu hier qu'ils ont oublié leurs cartes d'identité dans la voiture, deux cartes d'identité… d'un côté tant de sophistication, de l'autre tant de stupidité… Nous devons demander qui sont ces gens, nous devons demander comment ils ont été en capacité de faire cela (…) Nous devons creuser, aller plus profond, connaître qui sont ces gens, quel est leur degré d'implication là-dedans, quelles sont leurs connexions, quel est le rôle des services secrets dans toute cette affaire, où sont-ils, comment cela a-t-il pu se passer de cette manière (…) en ayant leurs cartes d'identité dans leur voiture. Donc nous devons condamner, mais nous ne devons pas être naïfs[1]. »

Avec son expérience et sa bonne connaissance du sujet, Tariq Ramadan devrait savoir qu'il n'y a rien de troublant à ce que des jihadistes prennent leur carte d'identité. Ce ne sont pas des cambrioleurs. Ils ne veulent pas voler un magot et s'en tirer. Ils sont fiers de leurs meurtres, les revendiquent et savent qu'ils vont mourir en martyrs. En route, le fait d'avoir sur eux des papiers leur permet d'éviter de se faire arrêter lors d'un banal contrôle d'identité. Ce qui permet de continuer à tuer un maximum le temps d'être identifié. Tariq Ramadan ne peut l'ignorer, comme il n'ignore pas les tendances complotistes de son public, qu'il entretient volontiers. Et si tous ces attentats islamistes dans le monde étaient en fait des complots des services secrets occidentaux ? Ce serait tellement pratique. Les prédicateurs islamistes seraient du bon côté et *Charlie Hebdo* serait du côté des salauds.

« Non je ne dis pas "Je suis Charlie". Je dis que je suis pour la liberté d'expression. [*Charlie*]

---

1. https://www.youtube.com/watch?v=I-LMIjWCDVg. Voir aussi Michel Danthe, « Tariq Ramadan et Jean-Marie Le Pen sur la même longueur d'onde », letemps.ch, 17 janvier 2015.

avait le droit d'aller jusqu'au bout (...) mais ils n'ont pas arrêté de faire de l'humour sur les musulmans et j'ai dit que cet humour-là était un humour de lâche[1]. » Voilà ce qu'il déclare encore, après une condamnation d'usage des attentats de Paris, depuis Doha, au Qatar, où il enseigne et qui finance sa chaire d'Etudes islamiques contemporaines à Oxford... Une étiquette dont il se sert pour passer pour un universitaire dans les médias.

« Lâche », le mot est lâché. Et sonne bizarrement pour parler de journalistes morts à cause de leur courage. Mais dans la bouche d'un manipulateur, les mots ont peu de sens et changent selon les latitudes. Une fois en France, où il donne des interviews sur les antennes toutes ouvertes d'Europe 1 et de LCP, Ramadan va corriger l'image laissée par ses premières déclarations. Deux tours de passe-passe et le voilà remis en selle. On dit de lui à nouveau, pour la millième fois, qu'il a changé, qu'il s'est assagi, qu'il faut l'écouter. Il a même retrouvé ses proies préférées. Ces animateurs et journalistes dont la faille narcissique est si béante qu'il n'a qu'à les flatter pour les manipuler.

---

1. « Tariq Ramadan accuse *Charlie* de lâcheté et de faire de l'argent avec l'islam », site du journal *Le Temps*, 12 janvier 2015.

Etonnants confrères dont le premier réflexe, après un attentat, est d'inviter un islamiste ambigu. A quoi jouent-ils ? Même forte et appuyée, sa condamnation des attentats ne sert à rien. Ses fidèles savent bien qu'il faut écouter ce qu'il dit dans d'autres cercles... où l'on se demande à qui profite le crime. En revanche, ses prestations alimentent très certainement la défiance. En télévision, le manque de sincérité se voit à défaut de s'entendre. Quand un prédicateur intégriste présenté comme un « intellectuel moderniste » transforme un peu vite les bourreaux en victimes, beaucoup de Français se disent « si c'est ça l'islam moderne... Alors il n'y a rien à en espérer ! » Le racisme s'en repaît. D'autant que Tariq Ramadan n'est pas le seul à savoir manier la technique du double discours enseigné par Hassan al-Banna. D'autres militants des Frères musulmans, moins doués, s'y essaient. Avec le même effet.

Je repense à cet instant vécu sur le plateau du 20 heures de France 2, le soir du massacre. Sur le plateau, Robert Badinter et... Amar Lasfar. Un prédicateur intégriste de l'UOIF, une organisation issue des Frères musulmans, classée terroriste aux Emirats. Amar Lasfar a été formé par la même école de pensée islamique

que Tariq Ramadan. Il est tout aussi adepte du double discours, sauf lorsqu'il reconnaît être un disciple de Youssef al-Qaradawi, le théologien de référence des Frères. Ce maître à penser de l'intégrisme égyptien dirige le Conseil européen de la Fatwa, qui délivre des avis religieux aux musulmans d'Europe, à la demande de l'UOIF. Recherché par Interpol, le prédicateur a notamment émis la fatwa qui permet au Hamas de mener ses attentats kamikazes. Pour lui, « le seul dialogue possible avec les Juifs passe par le sabre et le fusil[1] ». Réfugié au Qatar, où il tient une émission très regardée sur la chaîne Al Jazeera, c'est en partie lui qui a soufflé sur les braises de la campagne contre les dessinateurs danois. Beau modèle pour un imam invité à parler de *Charlie Hebdo* le soir du 7 janvier.

Amar Lasfar n'est pas seulement un admirateur de Qaradawi, il est également l'un des acteurs de la campagne et du procès intenté par l'UOIF contre *Charlie Hebdo* lors de l'affaire des caricatures. Pourtant, le soir du massacre, on le présente sobrement comme « recteur de la mosquée de Lille ». Souriant, détendu, il condamne l'attentat, bien sûr, mais sans y

---

1. Site aljazeera.net, 17 juin 2004.

mettre beaucoup de conviction. A la toute dernière minute, je n'arrive plus à me taire : « Il ne faut pas attendre un drame. Il ne faut pas attendre que quelqu'un meure. C'est tous les jours dans les lieux de culte, tous les jours sur les réseaux sociaux qu'il faut s'élever contre les haineux. Les racistes et les intégristes sont ceux qui incitent à la haine. Il faut les combattre ensemble, mais il faut les combattre vraiment, monsieur Lasfar Maintenant il est vraiment temps. »

Sur Internet, c'est parti. On m'accuse d'avoir « sermonné » un imam, de ne jamais croire à la sincérité d'un musulman et donc d'être « islamophobe ». Les mêmes vomissent quand je crois à la sincérité d'un imam comme Hassen Chalghoumi. Pieux mais non intégriste. Malgré son accent – que moquent ceux qui préfèrent un intégriste à l'accent suisse – il parle clair. Ses dénonciations du fanatisme et de l'antisémitisme sont sans ambiguïté et lui valent d'être menacé. Quand il passe sur les plateaux télé, la défiance envers les musulmans baisse au lieu de monter. Mais ce n'est pas ce racisme que veulent combattre les professionnels du procès en « islamophobie ». Leur but est ailleurs · faire passer les laïques pour des racistes, les musulmans laïques pour de faux musulmans, et les

Ils ne sont pas Charlie

remplacer par des intégristes sur les plateaux de télévision.

Vrais dévots, ces faux *Charlie* se sont tus une semaine, puis ont repris là où ils en étaient. Après avoir feint d'être un peu *Charlie* au lendemain du massacre, ils ne l'étaient plus du tout lorsque Luz a dessiné un Mahomet en train de pleurer et qui, lui, était vraiment *Charlie*. Prouvant qu'il n'entend toujours rien à la liberté d'expression, le Conseil français du culte musulman s'est joint à l'Union des organisations islamiques de France pour juger « inadmissible » de persister à caricaturer le prophète Mahomet. « Il n'est ni raisonnable ni logique, ni sage de publier les dessins et les films offensant le Prophète ou attaquant l'islam », prévient – ou menace ? – l'Union mondiale des oulémas musulmans de Qaradawi dans un communiqué. Et voilà Amar Lasfar qui revient jouer au pompier pyromane. Grand seigneur, il fera tout pour que les musulmans réagissent « calmement » à cette provocation mais croit pouvoir parler en leur nom en déclarant que c'est « offensant pour tous les musulmans de France ».

« Offensant » ? Un Mahomet qui pleure en disant « Je suis Charlie ». Un dessinateur qui écrit au-dessus de son personnage « Tout est pardonné ». Que voulait-il de plus après un tel massacre ? Que *Charlie* s'excuse de s'être fait tirer dessus ? Qu'ils dessinent Charb à genoux en train d'implorer Mahomet ?

Avec cette couverture, *Charlie* a tendu l'autre joue et prône le pardon. De façon presque chrétienne. On ne peut pas en dire autant du pape François, qui n'est pas loin d'avoir justifié la violence physique contre le blasphème : « Si un grand ami dit un gros mot sur ma mère, il doit s'attendre à recevoir un coup de poing », a-t-il déclaré juste après la couverture de Luz, avant d'ajouter : « On ne peut pas provoquer, on ne peut pas insulter la foi des autres. »

Qu'un pape et des bigots musulmans soient convaincus que représenter Mahomet est un blasphème, qu'ils croient en plus voir un sexe (certains en ont même compté deux !) à la place de Mahomet, c'est leur problème. Ils n'ont qu'à être moins obsédés. Ne pas acheter *Charlie* ou apprendre à lire les journaux à l'endroit, au lieu de les tenir à l'envers. Mais les autres ? Ceux qui se disent progressistes… Qu'ont-ils à reprocher à *Charlie* ?

Ces indivisibles qui divisent

Le drame de notre époque et de nos débats, coincés entre une droite manichéenne et une gauche victimaire, est parfaitement illustré par l'altercation entre Ivan Rioufol et Rokhaya Diallo sur RTL le soir du 7 janvier.

Dans une ambiance tendue par l'émotion, les débatteurs de l'émission « On refait le monde » regardent l'horreur par le prisme de leurs obsessions. Bien que les cibles soient de gauche, l'éditorialiste du *Figaro* ne peut s'empêcher de faire le procès « de ce communautarisme qui s'est développé dans l'aveuglement très général, en l'occurrence de la gauche qui l'a parrainé ». Oubliant que la droite l'a également favorisé et qu'il existe une gauche *Charlie* prenant tous les risques pour combattre l'islamisme, il salue, comme s'il s'agissait d'un réveil soudain, l'appel de la gauche à manifester le 11 janvier puis enchaîne sur les musulmans : « Il faudrait également et urgemment que manifestent aujourd'hui les Français musulmans qui, évidemment, ne se reconnaissent pas dans cet attentat terroriste, sinon on va craindre effectivement les amalgames. » Cette phrase fait bondir Laurence Parisot, l'ancienne patronne du

Medef, et Rokhaya Diallo, qui se sent visée : « Quand j'entends dire qu'on somme les musulmans de se désolidariser d'un acte qui n'a rien d'humain, oui, effectivement, je me sens visée. J'ai le sentiment que toute ma famille et tous mes amis musulmans sont mis sur le banc des accusés. » « Parce que vous ne comptez pas vous désolidariser ? » s'emporte Ivan Rioufol. Diallo se dit « extrêmement choquée » : « Non mais vous pensez vraiment que je suis solidaire ? Est-ce que vous osez me dire, ici, que je suis solidaire ? Vous avez vraiment besoin que je verbalise ? Donc, moi, je suis la seule autour de la table à devoir dire que je n'ai rien à voir avec ça. » L'animateur précise qu'elle est au bord des larmes. La presse s'en émeut, à juste titre.

Ivan Rioufol n'a pas à exiger de Rokhaya Diallo qu'elle se désolidarise des attentats « en tant que musulmane ». Tout comme Charb, j'ai souvent pris position contre cette façon d'assigner un citoyen[1]. Comme si l'appartenance à une culture musulmane présupposait qu'on puisse se sentir complice de telles atrocités. Comme si tous les Français de culture

---

1. « Nous sommes tous des "sales Français" », édito vidéo de Caroline Fourest, octobre 2014. http://iurl.no/y351g

chrétienne devaient s'excuser d'actes commis par des intégristes contre le droit à l'IVG. Comme si on exigeait d'athées français de prendre leurs distances avec un Américain raciste, par ailleurs athée, parce qu'il tue ses voisins musulmans à Chapel Hill ! C'est arrivé après le 7 janvier. Sur les réseaux sociaux, ceux qui se plaignent de devoir dénoncer le terrorisme comme « musulmans » ont exigé d'internautes athées soutenant *Charlie* qu'ils se désolidarisent... Alors qu'il n'existe aucun théoricien athée incitant à tuer des musulmans et que *Charlie Hebdo* a toujours dénoncé le racisme.

Rokhaya Diallo n'avait pas à condamner l'attentat du 7 janvier « en tant que musulmane ». Mais un progressiste avait bien d'autres choses à lui reprocher ce soir-là : ses idées. Sa croisade contre *Charlie Hebdo* et la gauche laïque depuis tant d'années. Peu de gens connaissent son parcours et ses prises de position en dehors de face-à-face avantageux avec Eric Zemmour ou Robert Ménard. Il est temps de la présenter.

Quand elle n'interviewe pas complaisamment l'humoriste antisémite Dieudonné et l'essayiste d'extrême droite Alain Soral dans son émission « Egaux mais pas trop[1] », Rokhaya Diallo

---
1. « Egaux mais pas trop », LCP, 9 août 2012.

s'émeut dans un livre qu'un humoriste passé de l'antiracisme à un antisémitisme obsessionnel ne soit plus si populaire dans les médias : « Considéré comme un antiraciste à ses débuts, il a vu sa carrière basculer et son image publique se modifier après avoir tenu des propos antisémites[1]. »

L'auteure de ces lignes étant elle-même très souvent invitée dans les médias au titre de son « antiracisme », on pourrait croire qu'elle se félicite de cette exigence : préférer la parole des antiracistes à celle des racistes. Pas du tout. Rokhaya Diallo s'étonne de ce « boycott » pour mieux déplorer, quelques pages plus loin, que des féministes de culture musulmane dénonçant l'oppression patriarcale et religieuse, elles, soient écoutées : « Si vous êtes française d'origine "barbare" et si vous cherchez le succès, rien de plus simple. Il vous suffit de publier votre autobiographie expliquant à quel point votre famille (musulmane de préférence) vous a opprimée en vous mariant de force à six ans et demi après vous avoir voilée et savamment excisée[2]. » Il ne s'agit pas simplement de moquer une forme

---

1. Rokhaya Diallo, *Racisme : mode d'emploi*, Larousse, 2011, p. 45.
2. *Idem*, p. 175.

de misérabilisme un peu exotique, jouant sur la fibre « Nous contre les barbares »... A lire Rokhaya Diallo, ce n'est jamais le moment de dénoncer l'oppression patriarcale et intégriste, même quand on en est victime et soi-même musulmane. Son « féminisme » lui sert à railler les féministes de culture musulmane osant tenir tête à l'intégrisme, parfois au prix de leur vie, en les accusant de vouloir vendre des « bestsellers ».

Son principal combat, en tant que « féministe », consiste d'ailleurs à réhabiliter le voile et à attaquer les laïques. Au point de comprendre Ben Laden lorsqu'il menace la France d'attaques terroristes pour avoir interdit le voile intégral ? C'est ce qui se dégage d'une autre de ses prestations sur RTL[1]. On vient de lui rappeler cette menace proférée par le chef d'Al Qaïda : « Si la France est en droit d'interdire aux femmes libres de porter le voile, n'est-il pas de notre droit de pousser au départ vos hommes envahisseurs en leur tranchant la tête ? » Réaction de Rokhaya Diallo ? « Ce que dit Ben Laden n'est pas faux. On lui donne des arguments pour nous menacer. » Après avoir qualifié d'« islamophobe » le fait de légiférer sur

---

1. 27 octobre 2010.

le voile intégral quelques minutes plus tôt, elle légitime le fait de répondre à cette loi par une menace d'attentats et de décapitation ; et récidive au lendemain du 7 janvier.

Après avoir pris deux lignes pour nous parler de son « effroi » en apprenant la nouvelle, nous dire qu'elle n'aurait jamais imaginé qu'un « massacre aussi abominable » puisse toucher une « rédaction française », elle rédige un très long texte, non pas pour reconnaître qu'elle avait minimisé le danger ou s'excuser d'avoir attaqué *Charlie Hebdo*. Pas du tout. A ses yeux, les responsables ne sont pas ceux qui incitent à la haine contre *Charlie* mais la France, sa philosophie des lumières et sa laïcité : « A force de déni, la France a créé ses monstres. Lorsqu'en 2004, elle a décidé d'exclure les jeunes filles musulmanes portant le foulard islamique de l'enseignement scolaire, lorsqu'en 2010, elle a interdit aux femmes portant le voile intégral de circuler dans les rues, ne s'attendait-elle pas à ce qu'une partie des musulmans trouve refuge dans des bras plus accueillants[1] ? » Surtout si Rokhaya Diallo leur explique, à longueur d'antenne, que la France est « islamophobe », que *Charlie* aussi,

---

1. « A force de déni, la France a créé ses propres monstres », Le Huffington Post, 14 janvier 2015.

et que Ben Laden n'a pas tort... L'essentiel de son militantisme.

En 2006, Rokhaya Diallo a cofondé les Indivisibles. Une association principalement connue pour ses « Y'a Bon Awards ». Une soirée très branchée et médiatisée où l'on remet des bananes symboliques pour récompenser et dénoncer les « meilleures phrases racistes ». Belle idée, sur le papier. Mais alors que le débat croule sous les phrases réellement haineuses, l'association s'est mise à viser sans discrimination les déclarations racistes... et les propos laïques, tenus par des personnalités comme Jean-Luc Mélenchon (nominé), Elisabeth Badinter, Christophe Barbier ou moi-même.

En l'occurrence, j'ai reçu un « Y'a Bon Award » après un plaidoyer en faveur de l'égalité et la laïcité lors de la Convention du Parti socialiste sur « l'égalité réelle » face à une certaine... Rokhaya Diallo. Ce jour-là, elle vient plaider pour le voile et les statistiques ethniques. Ma position est de demander plutôt un sursaut antiraciste, le CV anonyme, et une vigilance laïque : que les élus locaux cessent d'abîmer la laïcité en prêtant, par exemple, des terrains à « des associations qui demandent des gymnases pour organiser des tournois de basket réservés aux femmes, voilées, pour en plus lever des fonds pour le Hamas[1] ». Un maire UMP vient, en effet, de susciter la polémique pour avoir voulu prêter un terrain de basket public à une association proche de l'UOIF, en vue d'organiser un tournoi réservé aux femmes (voilées) dont le but est de récolter des fonds pour la branche sociale du Hamas... L'alerte m'a valu un « Y'a Bon Award ». Et ce « Y'a Bon Award » m'a coûté d'être hissée au « TOP 20 » des personnalités les plus « islamophobes » sur des sites complotistes et salafistes. Trouvant que ce n'était pas assez, les Indivisibles ont tenu à me récompenser en personne, en attaquant, banane au poing, une conférence que je m'apprêtais à donner contre le racisme et l'extrême droite lors de la fête de l'Humanité de 2012... De façon si violente que le service d'ordre du Parti communiste a préféré annuler la conférence.

Cette altercation n'a rien de personnel. Elle témoigne d'une vraie divergence idéologique entre deux visions de l'antiracisme. Un peu comme certains confondent toute critique de la politique israélienne avec de l'antisémitisme, les Indivisibles amalgament tout propos contre l'intégrisme avec de l'« islamophobie ». Et bien sûr, *Charlie Hebdo* est l'une de leurs cibles

---

1. Convention du PS sur l'égalité réelle, 11 décembre 2010.

Ils ne sont pas Charlie

préférées, dès leurs débuts, en pleine affaire des caricatures.

Le pire fut atteint en 2011, lorsque le journal a été victime de son premier attentat pour son numéro spécial et rigolard · « Charia Hebdo », consacré au risque de voir la charia appliquée en Libye ou en Tunisie. Ceux qui ont soutenu l'intervention en Libye tentent alors de minimiser ce danger et parlent d'une charia plutôt « modérée ». *Charlie* veut en plaisanter dans un numéro qui imagine mille façons d'appliquer cette « charia molle ». En couverture, un Mahomet joyeux prévient : « Cent coups de fouet si vous n'êtes pas morts de rire ! » Dans la nuit du 1er au 2 novembre 2011, avant même sa sortie, un engin incendiaire ravage les locaux du journal. L'émotion est grande mais pas aussi grande qu'après le massacre du 7 janvier. De nombreux journalistes ont même enfoncé *Charlie* au lieu de le soutenir. En plus de réelles difficultés financières, le site du journal est hacké et *Charlie* croule sous les menaces. Que fait Rokhaya Diallo ? Elle signe une pétition « contre le soutien à *Charlie Hebdo* » avec des responsables d'organisations intégristes[1].

---

[1]. L'appel a notamment été initié par les Indigènes de la République et Les Mots sont importants. Le collectif signataire

Intitulé précisément « Pour la défense de la liberté d'expression, contre le soutien à *Charlie Hebdo* », le texte affirme « qu'il n'y a pas lieu de s'apitoyer sur les journalistes de *Charlie Hebdo*, que les dégâts matériels seront pris en charge par leur assurance, que le buzz médiatique et l'islamophobie ambiante assureront certainement à l'hebdomadaire, au moins ponctuellement, des ventes décuplées, comme cela s'était produit à l'occasion de la première "affaire des caricatures", bref : que ce fameux cocktail molotov risque plutôt de relancer pour un tour un hebdomadaire qui, ces derniers mois, s'enlisait en silence dans la mévente et les difficultés financières ». Loin de prôner la dénonciation de la violence, il exige plus d'espace médiatique pour ceux qui souhaitent dire « leur écœurement face à la nouvelle marque

---

de ce texte est composé de : Saïd Bouamama, Youssef Boussoumah (Parti des Indigènes de la République), Houria Bouteldja (Parti des Indigènes de la République), Henri Braun, Abdelaziz Chaambi (Collectif contre le racisme et l'islamophobie), Ismahane Chouder (Collectif des Féministes Pour l'Egalité, de Mamans Toutes égales et de Participation et Spiritualité musulmanes), Olivier Cyran, Christine Delphy, Thomas Deltombe, Rokhaya Diallo, Sébastien Fontenelle, Nawel Gafsia, Laurent Lévy, Hassina Mechaï, Ndella Paye (Collectif des Féministes Pour l'Egalité, de Mamans Toutes égales et de Participation et Spiritualité musulmanes), Faysal Riad, Arielle Saint Lazare, Karim Tbaili, Pierre Tevanian, Sylvie Tissot, et Najate Zouggari.

de fabrique de cet hebdomadaire : un anticléricalisme primaire doublé d'une obsession islamophobe ».

Quelques mois plus tard, le 3 octobre 2012, les Indivisibles imaginent un autre appel, plus caustique, à prendre selon les goûts au premier ou au second degré. Leur site implore le Qatar de racheter *Charlie Hebdo* pour éviter de nouvelles caricatures sur Mahomet : « Emir du Qatar : Rachetez *Charlie Hebdo* ! Pour que *Charlie Hebdo* ait suffisamment d'argent pour arrêter de renflouer ses caisses en utilisant les caricatures diffamantes et islamophobes du prophète Mouhammad. »

Oui vraiment, on aurait aimé que Rokhaya Diallo ne verse pas tant de larmes sur elle-même le soir du 7 janvier, et en garde au moins une pour *Charlie*.

L'union fatale des communautaristes

La haine des laïques ne frappe pas seulement les communautaristes religieux. Elle frappe aussi, bizarrement, certains militants censés défendre les droits des femmes ou les minorités sexuelles, menacés au premier chef par l'obscurantisme.

Soyons précis. L'immense majorité des militants féministes et/ou homosexuel(le)s défendent la laïcité et l'égalité contre tous les intégrismes et tous les racismes. Seule une poignée de radicaux se perdent en route. Certains ont fini par croire que tous les musulmans – et pas seulement les intégristes – menaçaient les femmes et les homosexuels. Ceux-là ont rejoint le Front national. A l'inverse, d'autres semblent penser que tous les musulmans sont victimes de racisme, au point de préférer les islamistes à *Charlie Hebdo*.

Sans doute troublés par la concordance de sonorité entre homophobie (phobie de l'homosexualité) et « islamophobie » (phobie de l'islam), ceux-là luttent à la fois contre une phobie qui visent les êtres pour ce qu'ils sont (homosexuels) et une phobie qui s'inquiète du religieux et de son instrumentalisation intégriste. Au point de soutenir des intégristes opposés au mariage pour tous, sexistes et homophobes, contre un journal radicalement de gauche.

On retrouve cette dérive au sein du collectif Pink Bloc, un collectif LGBT d'extrême gauche, et au sein d'Act Up. Censés défendre l'émancipation, les plus radicaux de cette nébuleuse « homo-islamiste » ne voient aucune contradiction à manifester pour la prostitution

Ils ne sont pas Charlie 53

le jour de la lutte contre les violences faites aux femmes. Comme ils ne trouvent pas schizophrène de militer pour les transgenres tout en taxant d'« islamophobes » ceux qui critiquent le voile... Un instrument d'assignation au genre, qui soumet le corps des femmes à la pudibonderie.

Cette confusion se voit cruellement au lendemain du massacre du 7 janvier. Lorsque Cécile Lhuillier, ancienne présidente d'Act Up, croit bon d'attaquer *Charlie Hebdo* : « Je ne suis bien évidemment pas Charlie. Sur la forme, nul besoin à mon sens d'user de dépersonnalisation pour se montrer solidaire ou compatissante, et sur le fond, *Charlie Hebdo* était devenu un journal raciste, homophobe, transphobe, sexiste, et tout particulièrement islamophobe. » Cette saillie ne pouvait pas laisser indifférente Camille Emmanuelle, journaliste proche des mouvements LGBT et compagne de Luz. En plus de consoler l'être qu'elle aime, de vivre avec lui sous protection policière, elle doit répondre dans un texte intitulé : « Etre aimé par des cons, c'est dur, être haï par des amis, c'est pire ». Enumérant la longue liste des « phobies » reprochées à *Charlie*, elle se demande s'il ne manque pas celle d'être « arachnophobe » (phobique envers les araignées), avant d'analyser cette posture anti-*Charlie* comme une volonté de se démarquer de l'union nationale : « C'est tellement plus cool, quand on est militant dans une organisation qui défend les "opprimés", d'être "contre" la masse, les médias, l'unité nationale. En oubliant que *Charlie Hebdo* conchie aussi le discours de masse et les symboles, et n'était pas, dernièrement, soutenu par grand monde. (...) En tant que militants de mouvements qui défendent le droit à la différence, cela leur redonne une légitimité de "hé, regardez, nous on n'est pas des moutons !". Mais c'est un aveuglement idéologique[1]. »

Une grande partie de cette posture schizophrène vient, en effet, d'une culture subversive grossière, où l'on se positionne essentiellement du point de vue de la minorité contre la majorité. Si la majorité fait bloc pour défendre la laïcité ou *Charlie Hebdo*, c'est donc qu'il faut être contre la laïcité et contre *Charlie*.

Dans cette vision binaire du monde, il y a des catégories : les « damnés de la terre » et les autres. Les « subversifs » et les autres. Les minoritaires et les autres. Les minoritaires ont toujours raison, même s'ils sont du côté du manche intégriste et du retour de la domination

---

1. Brain Magazine, 30 janvier 2015.

masculine. Puisqu'ils sont « minoritaires » et parfois réellement victimes de racisme. La donnée de l'intégrisme n'entre jamais en ligne de compte, sauf s'il s'agit d'intégristes rattachés à la majorité chrétienne, comme la Manif pour tous. Pas quand il s'agit de l'islam, perçu comme « minoritaire ».

Ces militants ne pensent qu'à l'Europe et aux Etats-Unis, jamais au reste du monde. Enfermés dans des débats groupusculaires entre post-modernistes et post-Queer, ils ne voient pas l'intérêt de militer contre l'idéologie réactionnaire d'intégristes musulmans, ici ou ailleurs. Ici, ce qui compte, c'est soutenir les « minoritaires » musulmans contre le racisme, qu'ils soient victimes ou bourreaux, dominés ou dominants, victimes de racisme ou eux-mêmes racistes (envers les Juifs), sexistes et homophobes. Certains se sentent vaguement émus lorsque des homosexuels sont pendus en Iran ou lorsque Daesh précipite des homosexuels du haut d'un mur... par solidarité envers « leur communauté ». Mais pas tous. Certains intellectuels soutenant la cause gay, ou des blogueurs gravitant autour du site Minorités, considèrent que dénoncer le voile, le sexisme ou l'homophobie dans les pays musulmans, sert la rhétorique du choc des civilisations. Ils qualifient même volontiers de néoconservateurs, d'« islamophobes » ou carrément de vecteurs des idées de l'extrême droite des militants gays ou lesbiennes universalistes, qui conçoivent tout simplement leur lutte en solidarité avec les blasphémateurs, les féministes, les athées et les homosexuels persécutés en Afghanistan, au Pakistan, au Maghreb, en Iran, en Arabie Saoudite ou en Syrie.

Pire, cette dénonciation des homosexuels laïques et universalistes comme « néoconservateurs » peut les conduire à des alliances ponctuelles avec des militants contre l'« islamophobie » issus des Frères musulmans, pourtant très actifs contre le Mariage pour tous et qui font monter l'homophobie dans des quartiers populaires, où il n'est plus si facile d'être gay. Faut-il leur rappeler que les militants de l'UOIF étaient présents dans les cortèges de la Manif pour tous ? Frigide Barjot a même été invitée au Rassemblement annuel des musulmans de France au Bourget. Peut-être lui a-t-on offert le livre de chevet que doit lire tout militant formé par l'UOIF : *Le Licite et l'Illicite en Islam* de Youssef al-Qaradawi. Le théologien s'interroge sur la réponse que l'islam doit apporter à l'homosexualité : « Les savants en jurisprudence ne furent pas d'accord sur le châtiment que l'on doit infliger à l'auteur de cette immoralité. Est-ce que les deux partenaires reçoivent le châtiment du fornicateur ? Est-ce que l'on tue l'actif et le passif ? Par quel moyen les tuer ? Est-ce avec un sabre ou le feu, ou en les jetant du haut d'un mur ? Cette sévérité qui semblerait inhumaine n'est qu'un moyen pour épurer la société islamique de ces êtres nocifs qui ne conduisent qu'à la perte de l'humanité[1]. » Beaux alliés pour lutter en faveur de l'égalité.

La guerre des gauches laïques et antilaïques

Deux gauches se revendiquant de l'antiracisme peuvent se retrouver sur des rives opposées lorsqu'il s'agit du débat sur le voile ou de *Charlie Hebdo* et de la liberté d'expression. Cette divergence tient en partie à leur façon de lutter contre les discriminations. L'une est universaliste et mène à défendre ardemment la laïcité. L'autre est communautariste et conduit à s'en méfier.

La gauche universaliste et laïque vise l'égalité

---

1. Youssef al-Qaradawi, « L'homosexualité » et « Que dire de la masturbation », *Le Licite et l'Illicite en Islam*, p. 175.

de tous, quels que soient son origine, sa religion, son genre ou son orientation sexuelle. Antiraciste et antitotalitaire, elle s'est bâtie dans le rejet de l'idéologie nazie et de son racisme exterminateur. Plus Zola que Guesde, elle pense que l'antisémitisme est toujours annonciateur du pire. Elle chérit la devise de la Révolution française, la philosophie des lumières, son idéal d'émancipation, cherche à fédérer les minorités contre la domination. Elle se méfie enfin du religieux et des approches anglo-saxonnes favorisant l'assignation à une communauté.

La gauche communautariste, elle, se méfie des lumières et de son idéal d'émancipation, qu'elle perçoit comme la poursuite d'une « mission civilisatrice ». Elle s'est bâtie dans le rejet du colonialisme et de l'imaginaire postcolonial, qu'elle croit voir à l'œuvre dans tout discours critique ou simplement laïque sur l'islam. Peu importe si ces discours ne visent que son instrumentalisation haineuse et totalitaire, l'islam reste à ses yeux la religion du pauvre, du colonisé, du « damné de la terre ».

Plus Fanon que Voltaire, elle ne raisonne pas en dominants/dominés ou en « laïques contre obscurantistes » mais en catégories d'origine : descendants de colons ou de colonisés. Outre qu'elle finit par devenir raciste, cette vision communautariste met aussi inévitablement les minorités en concurrence. Elle conduit à dénoncer un « deux poids, deux mesures », que les plus paranoïaques croient voir partout entre Juifs et Arabes. Par identification au conflit israélo-palestinien, mais aussi par esprit de revanche sur une époque coloniale où la République a accordé la nationalité française aux Juifs algériens suite au décret Crémieux. Peu importe que la République ait ensuite mis des Juifs français dans des trains en direction de camps d'extermination... Ils sont perçus comme « privilégiés » chaque fois que la République s'émeut du retour de l'antisémitisme.

Cette gauche antilaïque hésite entre deux approches, a priori difficilement compatibles : l'approche islamiste et l'approche anglo-saxonne. La première parce qu'elle défie l'Occident anciennement colonisateur. La seconde parce qu'elle s'accorde avec cette reconnaissance du fait communautaire, ethnicisé, qui combat la laïcité à la française, jugée raciste outre-Atlantique et outre-Manche pour avoir légiféré sur les sectes ou interdit le voile à l'école publique.

La gauche universaliste a soutenu la loi sur les signes religieux de mars 2004, autant par féminisme que par attachement à la laïcité. La gauche communautariste s'est fédérée contre cette loi. A l'image du Parti des Indigènes de la République et de son manifeste accusant le féminisme laïque d'être l'avant-garde du racisme postcolonial : « Comme aux heures glorieuses de la colonisation, on tente d'opposer les Berbères aux Arabes, les Juifs aux "Arabo-musulmans" et aux Noirs. Les jeunes "issus de l'immigration" sont ainsi accusés d'être le vecteur d'un nouvel antisémitisme. Sous le vocable jamais défini d'"intégrisme", les populations d'origine africaine, maghrébine ou musulmane sont désormais identifiées comme la Cinquième colonne d'une nouvelle barbarie qui menacerait l'Occident et ses "valeurs". Frauduleusement camouflée sous les drapeaux de la laïcité, de la citoyenneté et du féminisme, cette offensive réactionnaire s'empare des cerveaux et reconfigure la scène politique. Elle produit des ravages dans la société française. Déjà, elle est parvenue à imposer sa rhétorique au sein même des forces progressistes, comme une gangrène[1]. »

---

1. Parmi les initiateurs individuels de l'appel des Indigènes : Fouad Imarraine et Karim Azouz du Collectif des musulmans de France, aux côtés de contributeurs réguliers du site Oumma.com, comme le sociologue Saïd Bouamama et Sadri Khiari de la revue *Contretemps*, main dans la main avec les compagnons de route glanés grâce à Une Ecole pour tous : Laurent Lévy, le père de Lila et Alma Lévy, Houria Bouteldja des Blédardes, Christine

Ce texte n'appelle pas à lutter contre les discriminations racistes héritées de l'imaginaire postcolonial, ce qui mettrait tout le monde d'accord. Il exige d'abandonner la loi sur les signes religieux qualifiée de « loi d'exception aux relents coloniaux », et s'émeut de la vigilance envers l'antisémitisme. Une tentative d'intimidation intellectuelle particulièrement irresponsable par les temps qui courent. Mais qui fédère une nébuleuse trouble, allant de militants islamistes proches de Tariq Ramadan et de l'UOIF à des « idiots utiles » écologistes, d'extrême gauche ou même parfois féministes. Une alliance rouge-vert islam, appelée parfois « islamo-gauchiste », qu'on pourrait appeler plus simplement antilaïque.

Essentiellement animés par des sociologues ou des professeurs, moins présents sur le terrain que des acteurs ouvertement religieux, les Indigènes de la République ont été vite décrédibilisés en raison de leurs positions extrémistes. Leur site regorge de textes favorables au Hamas. Il n'est pas rare de voir leurs militants défiler sous des portraits du cheikh

---

Delphy, Meriem Laribi d'Une Ecole pour tous, Ahcène Taleb (l'avocat du MRAP), Sylvie Tissot et Pierre Tévanian du site Les Mots sont importants..

Yassine. Quant à la lutte contre l'antisémitisme, elle est systématiquement perçue comme douteuse voire comme un « philosémitisme d'Etat », même lorsqu'elle est bêtement associée à la lutte contre l'« islamophobie ». Une position assumée par l'égérie des Indigènes, Houria Bouteldja. Dans un texte paru après les attentats de Paris, elle demande à la gauche de défendre plutôt les musulmans que les Juifs, considérés comme complices des crimes d'Israël et « boucliers » de « l'impérialisme français » : « Les Juifs sont les boucliers, les tirailleurs de la politique impérialiste française et de sa politique islamophobe. Parce qu'ils bénéficient aujourd'hui d'une "racialisation positive" d'une part, et que l'amalgane entre Juifs et sionisme est constamment alimenté d'autre part, ils détournent la colère des damnés de la terre sur eux et en même temps protègent l'infrastructure raciale de l'Etat-Nation[1]. » Sur le plateau de Frédéric Taddeï, qui l'invite souvent, Houria Bouteldja est allée jusqu'à parler de « souchiens » (ou sous-chiens ?) pour désigner les Français blancs « de souche » (*sic*). Il lui arrive aussi de

---

1. Houria Bouteldja, « Racisme(s) et philosémitisme d'Etat ou comment politiser l'antiracisme en France ? », Intervention à Oslo, 3 mars 2015.

comparer l'homosexualité à un mode de vie
« impérialiste » pour justifier le peu de soutien
des quartiers populaires au mariage pour tous[1].
Les Indigènes ne sont pas un mouvement
antiraciste mais communautariste et extrémiste.
Son discours est inaudible en dehors de petits
cercles rêvant de rejouer la guerre d'Algérie. A
partir de 2006, c'est donc un collectif plus chic
et plus habile qui a porté cette posture dans
l'espace médiatique : les Indivisibles. Mais on
retrouve des échos de cette gauche antilaïque
dans bien d'autres médias, comme *Regards*,
Vacarme, Arrêt sur Images ou Mediapart. Parfois aussi chez des sympathisants progressistes
plus confus, qui ne repèrent pas forcément
l'enjeu de cette confrontation idéologique. Pour
une raison simple. La gauche est par nature à
la fois antitotalitaire et anticoloniale. Elle peut
se recomposer voire se perdre selon qu'elle
regarde en priorité le danger intégriste ou le
danger raciste.

Les deux existent. L'un amène souvent l'autre.
Comment résister ? La gauche universaliste et
laïque combat tout à la fois : le terrorisme, le
fanatisme, le racisme et l'extrême droite. Quitte

---

[1]. « Les Indigènes de la République contre l'"homosexualité imposée" », Robin D'Angelo, Rue89, 6 février 2013.

à prendre des coups de toutes parts, elle se dit que résister ensemble au terrorisme est le meilleur moyen de faire baisser la défiance envers les musulmans et de couper, en prime, l'herbe sous le pied de l'extrême droite, à qui l'on ne doit pas laisser ce terrain.

La gauche communautariste et antilaïque incarne, elle, tout ce dont rêve la propagande d'extrême droite. Lorsqu'elle condamne mollement des attentats, c'est pour mieux se demander « à qui profite le crime ? », trouver des excuses aux terroristes, et s'émouvoir de l'émotion soulevée. Pour elle, le danger prioritaire n'est pas le terrorisme. Ni le fait que des centaines de Français partent faire le jihad en Syrie, ni que des élèves disent comprendre les terroristes et refusent la minute de silence consacrée aux victimes des attentats. Non, le danger, à leurs yeux, c'est de s'en inquiéter. Ne serait-il pas un peu « postcolonial » de s'émouvoir en entendant des enfants faire l'apologie du terrorisme ?

Que des professeurs ou directeurs d'établissement aient surréagi en entendant de telles atrocités dans la bouche de leurs élèves, c'est possible. Un enfant de huit ans comme le jeune Ahmed n'aurait pas dû être convoqué au commissariat pour avoir dit qu'il soutenait les « terroristes ».

Ils ne sont pas Charlie

Beaucoup s'en sont émus, à raison. La presse a aussi rapporté les dizaines de cas de propos et d'agressions racistes ayant suivi les attentats, comme après le 11 Septembre aux Etats-Unis. A ma connaissance, personne ne les approuve. Pas même le Front national, qui en profite néanmoins pour monter dans les sondages. Il faut s'en inquiéter. *Charlie* s'en est toujours inquiété, avant et après le massacre. La troisième « une » après les attentats fut consacrée, comme souvent, au Front national et non à Mahomet. Mais ce danger politique, bien réel, ne peut pas servir à ignorer le danger intégriste et terroriste. Encore moins à accuser ceux qui dénoncent à la fois le racisme et le terrorisme d'être « islamophobes ».

*Des islamo-marxistes
contre l'« islamophobie »*

Ceux qui s'inquiètent du climat « islamophobe » ont tendance à minimiser voire à participer au climat de chasse contre les laïques des menaces sur Internet et des mises à l'index qui peuvent coûter la vie.

Les figures emblématiques de la laïcité ne peuvent plus parler en public, surtout depuis la fusillade de Copenhague, sans craindre d'être assassinées ou de faire courir un risque aux autres. Pas une semaine n'est passée depuis l'attentat sans que l'on s'inquiète pour l'un des nôtres.

L'imam de Drancy a été menacé par une vidéo de Daesh. Les noms de ses enfants, celui de leurs écoles, ont été divulgués sur Internet. Un ancien ministre pakistanais a appelé au meurtre de Riss, le nouveau directeur de *Charlie*. Zineb El Rhazoui, qui travaille au journal et a coécrit l'album de Charb sur Mahomet, a été l'objet d'une campagne invitant à la tuer « sans avoir besoin de fatwa ». Des photos d'elle et son mari en costume orange, proches d'être décapités, ont circulé sur Twitter. Tout comme l'adresse et la photo du lieu où travaille son mari au Maroc. Il a dû démissionner. La police marocaine a arrêté l'une de ses collègues, en relation avec l'un des hommes ayant lancé la campagne de menaces. Que voulait-elle quand elle lui a demandé un rendez-vous en tête à tête et que se serait-il passé s'il avait accepté ?

C'est avec ce genre de questions, permanentes, que doivent vivre les personnalités menacées. Beaucoup ont vu leurs vies bouleversées. A l'enterrement de Charb, chaque rangée finissait par des agents de sécurité. Les cibles sont si nombreuses qu'il n'y a pas assez d'équipes pour s'en occuper. Malgré le recrutement lancé par le ministère de l'Intérieur, le Service de la protection, le SDLP, travaille en flux tendu. Ses agents sont épuisés.

C'est pourtant dans ce climat de guerre – dû au terrorisme – que certaines organisations de gauche (le NPA, Attac, le Cedetim, le PCF ou Ensemble du Front de gauche) ont préféré organiser un meeting pour dénoncer « l'islamophobie et le climat de guerre sécuritaire ». Pas avec n'importe qui. Avec l'UOIF, Présence musulmane, Falsafa, le CCIF (qui classe tout propos laïque comme « islamophobe »), le Parti des Indigènes de la République, les Indivisibles, Oumma.com, ou la Junta islámica[1]...

---

1. 4acg (Association des anciens appelés en Algérie et leurs amis contre la guerre), Le 93 au Cœur de la République (Aubervilliers), ABC Editions, ACIDE 45 (Agir Contre les Inégalités et les Discriminations Ethno-raciales) Orléans, Alternative Libertaire (sur la base du texte « Contre l'Union sacrée), Association culturelles les Oranges, Association Falsafa (Angers), AFAPREDESA (Association des Familles des Prisonniers et Disparus Sahraouis), AFD International, AFPS Association France Palestine Solidarité, Association Les Deux-Rıves, région centre (Vernouillet), AMF-Féderation – Association des Marocains en France, Association PARENTS ACTIFS (Créteil), Association Rivière Al Kawtar (Paris), APCV (agence de promotion des cultures et du voyage) Saint-Denis, ARLDFM (Association pour la reconnaissance des droits et libertés aux femmes musulmanes), Association Rencontre et dialogue (Roubaix), ATF (Association des Tunisiens

Éloge du blasphème

A peine croyable. Alors que la gauche antilaïque vient d'être visée, que des Juifs viennent

---

en France), ATMF (Association des Travailleurs Maghrébins de France), ATTAC, Beur FM, Brigade des Mères (Sevran), Capab (Collectif Antifasciste Paris Banlieues), CAPJPO-EuroPalestine, CCIF (Collectif Contre l'Islamophobie en France), CCIPPP34 (Campagne Civile Internationale pour la Protection du peuple Palestinien) 34 – Montpellier, CEAL Collectif enseignant pour l'abrogation de la loi de 2004, Cedetim, CFPE (Collectif Féministes Pour l'Egalité), CGT Educ'action Créteil, CGT Sony DADC France, CJACP (Collectif Judéo-Arabe et Citoyen pour la Palestine) Strasbourg, CMF (Collectif des Musulmans de France), Collectif Villeneuvois Pour la Palestine (Villeneuve Saint Georges), Comité 15 mars et libertés, Comité Montreuil Palestine, Commission Islam et Laïcité, Compagnie Erinna – Grèce/Résistances !, Coopérative Ouvrière Envie de lire (Ivry), CRAN (Conseil Représentatif des Associations Noires), Droit Solidarité, Mouvement Echaâb (Tunisie), Educaislam (Espagne), Ensemble (FdG), Espaces Marx, FCP (Force Citoyenne Populaire), Fédération des Associations de Travailleurs et de Jeunes (DIDF), FASTI (Fédération des Associations de Solidarité avec Tou-te-s les Immigré-e-s), Femmes Plurielles (Asnières), FFR (Filles et Fils de la République) Créteil, Fondation Copernic, Fondation Frantz Fanon, FTCR (Fédération des Tunisiens pour une Citoyenneté des deux Rives), FUIQP (Front Uni des Quartiers Populaires), Génération Palestine Paris, IJAN (Réseau International Juif Antisioniste), Les AmiEs de Tarabut – LAT, Junta Islámica (Cordoue Espagne), Les Indivisibles, MTE (Mamans Toutes Egales), Mouvement du christianisme social, MJCF (Mouvement des jeunes communistes de France), MRAP Comité 5e 13e (Paris), MRAP CL Châteaudun, MRAP CL Menton, MRAP CL Saint-Denis, NPA (Nouveau Parti Anticapitaliste) (« sur la base de l'appel contre l'union sacrée »), Oumma.com, PCF (Parti Communiste Français), PIR (Parti des Indigènes de la République), PEJ (Parti Egalité Justice), Polyglotte-C.i.c.c.a.t. (éditions), PSM (Participation et Spiritualité musulmanes), Quartiers Nord/Quartiers Forts (Marseille), REMCC (Réseau Euro-Maghrébin Citoyenneté et

Ils ne sont pas Charlie

d'être abattus parce que juifs, que des policiers noirs et arabes viennent d'être exécutés parce que gardiens de l'ordre alors républicains, cette gauche-là pense que nous vivons en plein « climat de guerre »... « sécuritaire ».

Le meeting a eu lieu le 6 mars 2015 à Saint-Denis, avec la complicité d'élus locaux communistes. A la tribune, ce jour-là, on a beaucoup pleuré sur le traumatisme du jeune Ahmed et bien peu sur *Charlie*. L'union nationale serait même la preuve de ce climat « islamophobe ». Un credo qui a fait salle comble, mais dans un lieu ne pouvant contenir que quelques centaines de personnes, alors que toute la galaxie islamo-gauchiste a été rameutée. Ailleurs, ce discours stupéfie. En dehors de tout petits cercles gauchistes, cette posture n'a jamais fait recette, ni en termes militants ni en termes électoraux. Le danger n'est pas là. Il réside dans le fait que certains partis de gauche y croient, au point de renier leurs idéaux laïques et progressistes.

Europe Ecologie Les Verts a retiré sa

Culture), Respaix Conscience Musulmane, Repères antiracistes, Revue Z, Sang pour Sans (Champigny), Santé autrement, Saphir News, Solidaires, Sortir du Colonialisme, Stop le Contrôle au Faciès, Sud Education Créteil, UDMF (Union des Démocrates Musulmans Français), UJFP (Union Juive Française pour la Paix), UOIF (Union des Organisations Islamiques de France).

signature juste à temps, grâce à la protestation de députés comme François de Rugy et de militants, mais cette rhétorique est bien présente, au plus haut niveau de ce parti.

Le Parti communiste français, lui, n'a pas retiré sa signature. Même en découvrant le caractère peu fréquentable de ses cosignataires. Une vraie trahison quand on sait combien Charb était proche du PC. Les communistes ont en partie organisé ses obsèques. Pierre Laurent était l'un des plus émus. Ensemble nous avons versé ces larmes... que les auteurs de cet appel jugent de trop. Pourquoi ? Tout simplement parce que le Parti communiste est divisé, entre des cadres franchement *Charlie*, et des élus locaux franchement communautaristes, comme à Saint-Denis. Ce jour-là, les seconds l'ont visiblement emporté.

Les signatures du NPA et d'Attac, elles, n'ont surpris personne. Il y a longtemps que ces organisations ont cédé aux alliances douteuses sous prétexte de séduire « les quartiers populaires » (réduits à leur seule expression religieuse et réactionnaire). L'alliance nouée avec Tariq Ramadan lors de différents forums sociaux a transformé certains ateliers altermondialistes en tribunes intégristes, tout en faisant fuir les plus progressistes... Au point d'être en perte d'adhérents et de dynamique, totalement décrédibilisées, juste au moment où la critique du capitalisme financier est enfin mieux partagée et aurait besoin d'eux.

Le Parti de gauche, qui avait su se démarquer du NPA sur ces sujets, n'a pas signé. Mais un satellite du Front de gauche cherchant à fédérer tous les courants minoritaires autour de Clémentine Autain l'a fait : « Ensemble ».

« Ensemble » avec les intégristes pour refuser des mesures de sécurité ? « Ensemble » pour nous traiter d'« islamophobes » ? « Ensemble » pour refuser le droit au blasphème ? « Ensemble » pour légitimer l'intégrisme et l'extrême droite musulmane ? « Ensemble » pour demander l'interdiction de *Charlie Hebdo* ?

Non seulement certains mouvements politiques se sont fourvoyés, mais ils ont récidivé. Le 21 mars 2015, à l'occasion de la journée internationale de lutte contre tous les racismes, les mêmes associations ont marché contre « tous les racismes et le fascisme », en dénonçant en priorité l'« islamophobie » et le « retrait des lois racistes contre les musulmans », sans une ligne sur le danger fasciste de type islamiste, sauf pour mettre les victimes des attentats sur le même plan que les victimes de bavures policières. La signature de l'UOIF a été jugée trop encombrante, mais pas celles de collectifs pro-voile et pro-intégristes qui lui sont proches, ni celle du Parti des Indigènes de la République, apposée à côté de celle d'Act Up-Paris, du PCF, d'Ensemble et d'Europe Ecologie Les Verts.

Des artistes sans humour ni courage

La plupart des artistes dont le talent est d'oxygéner une société par le rire, la douceur ou la métaphore se sont sentis viscéralement *Charlie*. Il a néanmoins manqué quelques voix à ce concert de soutien. Un dessinateur comme Geluck, qui dessine des chats ne lui faisant courir aucun risque, a dénoncé une fatwa. Celle endurée pour avoir jugé « dangereuse » la « une » de *Charlie* : « La liberté d'expression qui est totale chez nous (...) ne doit pas nier une certaine responsabilité (...) Je suis certain que tous les dessinateurs survivants et disparus n'avaient aucune intention de blesser les musulmans sincères et démocratiques mais ils le font néanmoins[1]. » Et de citer un dessin de

---

1. Propos tenus sur Europe 1, le 14 janvier 2015. Voir la réponse de Christophe Conte dans « Billet dur », sur le blog Les Inrocks, 26 janvier 2015.

Tignous qu'il trouve « magnifique » parce qu'il ne transgresse aucune loi de l'islam ni le tabou interdisant de représenter le Prophète. Terrible appel à renoncer au droit au blasphème, même en démocratie, même dans un journal satirique athée, par peur de la violence et de l'intolérance. Même si Geluck n'approuve pas cette intolérance, il la légitime. Le fait de juger « irresponsables » ceux qui brisent les tabous revient à lâcher ses camarades dessinateurs et leur combat pour la liberté, au pire moment. La dessinatrice Coco de *Charlie* lui a répondu en dessinant un chat émasculé : « Un gros pif, une gueule de con et pas de couilles. »

La violence ne fait pas toujours peur. Parfois, elle fascine. Surtout les bons auteurs. Confondant l'espace d'un roman et celui d'une tribune, Virginie Despentes s'est identifiée aux victimes comme aux tueurs : « J'ai été Charlie, le balayeur et le flic à l'entrée. Et j'ai été aussi les gars qui entrent avec leurs armes. Ceux qui venaient de s'acheter une kalachnikov au marché noir et avaient décidé, à leur façon, la seule qui leur soit accessible, de mourir debout plutôt que vivre à genoux. J'ai aimé aussi ceux-là qui ont fait lever leurs victimes en leur demandant de décliner leur identité avant de viser au visage. J'ai aimé aussi leur désespoir. Leur façon de dire – vous ne voulez pas de moi, vous ne voulez pas me voir, vous pensez que je vais vivre ma vie accroupi dans un ghetto en supportant votre hostilité sans venir gêner votre semaine de shopping soldes ou votre partie de golf – je vais faire irruption dans vos putains de réalités que je hais parce que non seulement elles m'excluent mais en plus elles me mettent en taule et condamnent tous les miens au déshonneur d'une précarité de plomb. Je les ai aimés dans le mouvement de la focale écartée en grand, leur geste devenait aussi une déclaration d'amour – regarde-moi, prends-moi en compte[1]. »

Passons sur l'acteur Samy Naceri, désireux de comprendre aussi bien les fatwas visant Rushdie que *Charlie*. Passons sur Loràmt Deutsch, revenu sur ses propos qualifiant de « nouvel outrage » la « une » de *Charlie*[2]. D'après le journal qui l'interroge, il songe à rétablir le délit de blasphème, cher à la monarchie dont il est nostalgique.

Le monde du rap, qui a peu intérêt à la mort de la République, a presque mieux réagi. Le

---

1. Virginie Despentes : « Les hommes nous rappellent qui commande, et comment », *Les Inrocks*, 17 janvier 2015.
2. *Nice-Matin*, 22 janvier 2015.

Ils ne sont pas Charlie

rappeur Nekfeu dit regretter sa saillie contre *Charlie* dans un morceau accompagnant la sortie du film *La Marche* : « Je réclame un autodafé pour ces chiens de *Charlie Hebdo*. » Un appel à la haine dénoncé à l'époque par *Charlie* : « S'il leur manque un couplet, nous précisons aux auteurs de la chanson que le journal numérique *Inspire*, édité par Al Qaïda, a condamné à mort Charb en mars dernier. » L'autodafé ayant été exécuté, le chanteur peut retirer son couplet.

Un autre rappeur, Médine, s'est spécialisé dans le rap intégriste et réac'. Lui ne regrette pas son morceau « Don't laïk », mis en ligne juste avant les attentats et appelant à « crucifier les laïcards ». Mais il prétend que c'est de l'humour, façon *Charlie*. S'il y a effectivement quelques passages plutôt comiques, notamment me concernant, il faut vraiment ne pas avoir vu ce clip pour confondre les deux messages : émancipateur et intégriste. Tous deux relèvent néanmoins de la liberté d'expression. Médine est intégriste et réactionnaire, mais il a le droit de le dire et de le chanter. Simplement, qu'il assume. Qu'il n'essaie pas de se faire passer pour un homme de progrès... Son rap n'est pas le refuge des rebelles mais des ultra-réactionnaires. Sous son influence, lui et d'autres, la jeunesse qui rappait hier contre les injustices, les bavures policières et les discriminations vibre maintenant aux sons de couplets contre la liberté de dessiner, de transgresser, l'émancipation et la laïcité.

Le plus triste est d'entendre un slameur comme Abd al Malik en rajouter. Alors qu'il rappe contre la violence et qu'il a signé un livre intitulé *Qu'Allah bénisse la France !*[1] où il raconte avoir été radicalisé par Tariq Ramadan et les Frères musulmans avant de s'en éloigner pour un islam soufi moins politique. Abd al Malik condamne la « barbarie abominable » ayant frappé *Charlie* mais refuse de comprendre que leurs dessins visaient les intégristes et non les musulmans : « Soyons honnête, dans notre pays, les caricatures de *Charlie Hebdo* (certes acte démocratique par excellence parce qu'éclatant symbole de la liberté d'expression) ont clairement contribué à la progression de l'islamophobie, du racisme et de la défiance envers tous les musulmans. » Un amalgame de plus, dans un monde où les amalgames tuent.

---

1. Abd al Malik, *Qu'Allah bénisse la France !*, Albin Michel, 2004.

Ces intellectuels qui confondent Kouachi et Dreyfus

Il y a plus décevant que les artistes. Ces intellectuels, censés éclairer nos enjeux, et qui préfèrent confondre les frères Kouachi avec le capitaine Dreyfus. Les terroristes font leur sale métier. Mais ces intellectuels censés combattre les amalgames et contribuer au débat d'idées, quel métier font-ils ? A quoi jouent-ils ? N'est-il pas temps de leur demander, à eux, des comptes en « responsabilité » ?

Ne parlons pas des mercenaires ni des imposteurs. De Pascal Boniface, qui a qualifié les membres de *Charlie* de « beaufs racistes » et traite de « faussaires » tous les intellectuels ne partageant pas sa complaisance envers l'islam politique de Tariq Ramadan ou du Hezbollah... Alors qu'il a été condamné pour contrefaçon (c'est assez rare) après avoir publié sous son seul nom un livre écrit par un collectif de chercheurs.

Evoquons rapidement le cas de Dominique de Courcelles, directrice de recherches au CNRS, enseignante à l'Ecole polytechnique et à l'Université Paris-Dauphine.. mais surtout membre fondatrice de l'Institut français de la Finance islamique. Ce qui augure d'une conception tout à fait philanthropique et désintéressée de l'engagement intellectuel. Elle le dit tout net dans *Zamane*, un organe de presse lié aux conservateurs religieux turcs : « Je ne suis pas Charlie ! » L'article précise qu'elle « a choisi de condamner les attentats du 7 janvier », ce qui semble très généreux de sa part, mais l'essentiel du texte consiste à décréter que « Charlie n'est pas la France ». Sans quoi la France serait responsable d'une violence inouïe, blasphématoire, qu'aucun musulman ne peut endurer : « La raillerie exclut toujours celui qui est raillé du groupe. Il est clair que, si Charlie c'est la France, les Français de confession musulmane et pas seulement ne peuvent que se sentir exclus de la nation. » Les musulmans sont donc incapables d'accepter la « raillerie » et la nation doit choisir entre eux et *Charlie*, exclu de la France que fantasme Madame de Courcelles, digne de figurer dans un roman de Houellebecq.

Parlons de ceux qui ont réagi aux attentats à partir de leur propre grille de lecture, de façon parfois si monomaniaque, qu'ils en viennent à renverser le réel pour le faire rentrer dans leur case de prédilection : l'anticapitalisme, l'antiaméricanisme ou l'antiracisme prioritaire.

Vestige d'une époque qui était plus guerre

froide que guerre des civilisations, Alain Badiou n'est pas *Charlie*. Comme toujours, il se préfère « à contre-courant ». Sa condamnation du crime est claire. Mais ce « crime de type fasciste » le préoccupe moins que l'« union nationale » qui lui répond. Une marche du 11 janvier qu'il juge « suspecte » par nature, comme l'est à ses yeux « toute manifestation appelée par l'Etat ». Il la juge même carrément « identitaire » et problématique pour avoir dit « Je suis Charlie » : « J'ai été stupéfait de voir que le mot d'ordre "Je suis *Charlie*" est devenu une sorte d'impératif national. (…) Que pouvait faire quelqu'un comme moi qui a une grande répugnance à dire "Je suis *Charlie*" ? (…) S'agissant d'un organe de presse qui s'était fait une spécialité de l'agression antimusulmane[1]. »

Dans une tribune, il reproche carrément à *Charlie* « d'aboyer avec les mœurs policières[2] ». Ignorant les dessins du journal contre l'ordre établi, ceux critiquant les intégrismes de toutes les religions, feignant de ne pas comprendre le caractère universel de ce « Je suis Charlie », un slogan qui refuse l'intimidation terroriste, confondant critique du fanatisme et « agression

---
1. Mediapart, 24 janvier 2015.
2. *Le Monde*, 27 janvier 2015.

antimusulmane », Alain Badiou en vient, par glissements successifs, là où il voulait en venir depuis le début... Lui contre le reste du monde. Contre le fascisme, mais pas avec l'Etat. Pour cela, il faut que l'Etat et *Charlie* soient encore plus fascistes que le terrorisme de type fasciste. Un danger qu'il doit minorer pour opérer ce renversement et réduire le 11 janvier à une « mobilisation confuse sur la base d'un mélange de peur démesurée et inutile ».

Inutile est bien le mot qui vient à l'esprit quand tant d'efforts verbeux, qualifiés d'intellectuels, servent systématiquement à démobiliser contre le pire. Qu'il s'agisse du terrorisme d'aujourd'hui ou des Khmers rouges, qui ont tué deux millions de Cambodgiens, mais que Badiou a soutenus par antifascisme... Ou peut-être parce qu'il voulait être à contre-courant de ces millions de morts. Pour la dictature du peuple, mais contre la masse, toujours.

A l'autre bout du spectre, Denis Tillinac n'est pas *Charlie* non plus. Lui n'a aucun problème à défendre la liberté d'expression et la lutte contre le terrorisme, mais trouve le slogan « Je suis Charlie » bien trop à gauche : « Comme si le slogan "Je suis Charlie" prenait le relais de "Jouir sans entraves", de "CRS SS", d'"Il est interdit d'interdire" et de "Touche pas à mon pote". » Ce qui l'angoisse, lui, c'est de marcher pour un journal de gauche anticlérical et soixante-huitard, tout ce qu'il exècre. Et qu'il n'est pas loin de confondre avec Action directe. Au fond, Tillinac reproche exactement l'inverse de ce que reproche Badiou à *Charlie*, comme les deux pôles inversés, obstinément dogmatiques, d'un vieux cadran rouillé.

Il ne manquait plus à ce panthéon qu'Edgar Morin. Penseur sans doute plus complexe, il dit son horreur de l'attentat mais refuse de céder à l'émotion... pour mieux céder à l'intimidation : « Il y eut problème au moment de la publication des caricatures. Faut-il laisser la liberté offenser la foi des croyants en l'islam en dégradant l'image de son Prophète ou bien la liberté d'expression prime-t-elle sur toute autre considération ? Je manifestai alors mon sentiment d'une contradiction non surmontable, d'autant plus que je suis de ceux qui s'opposent à la profanation des lieux et d'objets sacrés[1]. » Morin choisit tout de même de surmonter sa contradiction, pour prendre le contre-pied de Voltaire. Il commence par redire son « horreur » et son « écœurement » face aux attentats, puis prône l'autocensure

---

1. *Le Monde*, 8 janvier 2015.

en matière de blasphème face à une violence qu'il attribue surtout… à la politique américaine et au fait d'avoir publié des dessins sur Mahomet. Son coauteur, Tariq Ramadan, à qui il a accepté de servir de caution morale et intellectuelle, n'aurait pas dit mieux[1].

Il y a plus décevant. Un homme que j'ai admiré pour ses livres sur l'universalisme : Emmanuel Todd. A force d'humeur souverainiste, il semble céder au refrain aigri contre les élites – toutes « vendues » parce qu'elles croient encore à l'idéal européen. L'aigreur n'est jamais bonne conseillère. Quand on décide de prendre la tête du peuple contre l'élite, on en vient parfois à trouver que l'antisémitisme est moins grave que l'« islamophobie ». Avant l'attentat, Todd accusait déjà *Charlie* d'être « islamophobe ». Après, il persiste. Dans un entretien accordé au journal japonais *Nikkei*, il se dit gêné par « la sanctification de cet hebdomadaire qui a publié des caricatures obscènes du prophète Mahomet » : « Se moquer de soi-même ou de la religion d'un ancêtre est une chose, mais insulter la religion d'un autre est une histoire différente. L'islam est devenu le support moral

---

[1]. Edgar Morin, Tariq Ramadan, *Au péril des idées*, Presses du Châtelet, 2014.

des immigrés de banlieue dépourvus de travail. Blasphémer l'islam, c'est humilier les faibles de la société que sont ces immigrants[1]. »

L'homme dont les livres nous ont appris combien les structures familiales pouvaient être plus différentialistes au Japon ou en Angleterre qu'en France, où l'intégration réussie se mesure au taux de mariage mixte extrêmement élevé, aurait-il rejoint le camp des différentialistes ? Le membre d'une tribu ou d'une ethnie ne pourrait plus critiquer les idées d'une autre sans être raciste ?

Ce serait tout simplement la fin du débat d'idées Bien sûr, il a raison de dire qu'un blasphème contre sa religion d'origine n'a pas la même portée que contre une autre religion, surtout dans un contexte où le racisme existe. On pourrait se poser la question si un magazine chrétien vénérant le pape et ses saints se mettait soudainement à moquer Mahomet. L'intention ne serait pas la même. Mais *Charlie Hebdo* n'est pas un magazine chrétien. Il est animé par des athées, dont certains de culture musulmane, qui ont en commun de vouloir désacraliser TOUS les symboles. Dans ses pages, ce traitement n'est pas réservé à l'islam mais à toutes les

---

1. Cité par LePoint.fr du 6 février 2015.

religions. Ce qui en fait un acte d'« égalité » et non d'« humiliation ». A l'inverse de cette vision essentialisant l'ensemble des musulmans comme des « faibles ». Triste amalgame. Triste renversement. Où le fanatique qui tue est confondu avec le faible. Et celui qui dessine en réponse à un crime, avec un violent.

Le fait de critiquer *Charlie* fait partie de la liberté d'expression. Féroce et mordant, un journal satirique n'est pas là pour plaire. Tant mieux s'il agace encore, malgré l'union nationale. Mais il y avait une autre façon de dire et de faire. Commencer par critiquer *Charlie*, ses dessins et son état d'esprit, pour mieux réaffirmer, malgré son dégoût, le droit absolu au blasphème. Ne pas aboyer avec les tueurs.

La véritable affaire des caricatures

L'incompréhension autour des dessins de *Charlie* et leur intention tient largement à la façon dont nous percevons leur contexte. Ceux qui sont persuadés que le monde est menacé par le racisme envers les musulmans, et uniquement par lui, ne peuvent assurément pas comprendre pourquoi un journal progressiste persiste à dessiner Mahomet. Quand un dessinateur leur montre les crimes commis au nom du fanatisme, ils regardent son crayon et l'accusent de « mettre de l'huile sur le feu ». Un refrain mille fois entendu lors de l'affaire dite des caricatures de 2006.

Cette perception, totalement biaisée, oublie un élément de contexte essentiel : l'origine de l'incendie. Les dessinateurs n'ont fait que se défendre, avec leurs armes pacifiques et symboliques, contre des violences bien réelles. Quand Mahomet surgit à la « une » de *Charlie*, après mille couvertures sur le pape ou l'Eglise, c'est une première dictée par l'actualité. Pourtant, on les accuse déjà d'« obsession » et de « provocation gratuite ». Gratuite ? Vraiment ? A l'époque, je travaillais à *Charlie*. Je connais chaque etape ayant conduit à cette couverture, son prix et sa raison d'être. Absolument rien n'était gratuit dans cette décision, lourde à porter. Nous n'avons pas mis Mahomet en « une » par plaisir, ni même par provocation, mais par solidarité. Pour faire bloc avec des dessinateurs et des citoyens danois menacés de mort. Par des fanatiques ayant mis le feu.

Le contexte danois

Moi-même, je n'ai pas compris tout de suite l'intérêt de ces dessins danois. Un ami iranien réfugié au Danemark me les a montrés à Paris, trois mois avant que n'éclate l'affaire des caricatures. Je ne voyais pas l'interet de les publier dans *Charlie*. Ils n'étaient ni spécialement féroces, ni spécialement drôles. Mon ami iranien insistait. Il m'expliqua pourquoi le *Jyllands-Posten* les avait publiés. Une raison que

La véritable affaire des caricatures 87

je comprenais parfaitement mais qui concernait alors seulement le Danemark.

Dans ce pays attaché à la tradition des albums illustrés, un éditeur voulait raconter la vie de Mahomet. Mais aucun dessinateur n'accepta de la mettre en images. Trop risqué. Ils craignaient de finir étalés sur un trottoir, un couteau dans la poitrine. Comme Theo Van Gogh, assassiné par un islamiste aux Pays-Bas pour avoir réalisé *Soumission*. Un court-métrage dénonçant l'impact de versets du Coran sur le corps des femmes, écrit par une auteure somalienne, Ayaan Hirsi Ali, elle-même menacée de mort.

Après les Pays-Bas, Londres fut frappée par l'autocensure. Juste après les attentats du 7 juillet 2005, le directeur de la Tate Gallery avoua qu'une exposition satirique programmée quelques mois plus tôt sur le Talmud, le Coran et la Bible ne serait plus possible. En Suède, un musée décida d'annuler une exposition de peintures mêlant symboles sexuels et citations du Coran. Au Danemark, dans les pages du *Jyllands-Posten*, un comique confia qu'il n'avait aucun problème à uriner sur la Bible devant une caméra, mais qu'il ne ferait jamais de même sur le Coran. Flemming Rose, qui dirige alors les pages « culture » de ce journal, décide de tordre le cou à cette « autocensure ». Quatorze années en poste à Moscou, sous la censure, lui ont donné le goût de la liberté d'expression. Son journal décide d'encourager des dessinateurs, non pas à moquer, mais simplement à représenter Mahomet tel qu'ils l'imaginent. « Dessinez Mahomet comme vous le voyez » : c'est le sens de la commande.

Douze croquis sont sélectionnés. Plutôt doux, innocents ou moqueurs... envers le journal qui les a sollicités. Comme cette caricature où un jeune Mohammed, et non Mahomet, écrit sur un tableau d'écolier : « Les journalistes du *Jyllands-Posten* sont une bande de provocateurs réactionnaires. » Un autre met tous les prophètes des differentes religions sur le même plan lors d'une séance d'identification de la police. Et puis, il y a le dessin plus drôle. Celui présentant des candidats au martyre montant vers Mahomet. Il les arrête tout net : « Stop ! Stop ! Nous sommes en rupture de stock de vierges. »

Sur les douze dessins, seuls deux sont plus sévères. L'un montre un homme barbu tenant un sabre devant deux femmes voilées. Un carré noir, exactement équivalent au carré permettant aux deux femmes de voir à travers leur niqab, lui cache les yeux. Une façon de dire que l'on

La véritable affaire des caricatures 89

voile Mahomet, comme on voile les femmes au nom de l'islam. Le dernier dessin, celui qui a réellement fait débat, montre un Mahomet fronçant les sourcils avec une bombe dans son turban. Son symbolisme, très premier degré, peut faire débat. L'émoi qui l'accueille n'en reste pas moins hypocrite. Comment imaginer que, sur douze dessins, pas un seul n'aborde la question du terrorisme au nom de Mahomet ? Est-ce vraiment le dessinateur qui fait cet amalgame ? Ou ceux qui menacent et posent des bombes au nom de Mahomet ? Faut-il condamner le miroir ou ce qu'il reflète ?

Je suis allée interviewer le dessinateur à l'origine de ce Mahomet, Kurt Westergaard. On me l'avait dépeint comme un réactionnaire. J'ai rencontré un vieil anarchiste, qui a maintes fois moqué Jésus et l'Eglise catholique. Il m'a raconté que son « Mahomet avec une bombe dans un turban » était déjà paru... presque dix ans plus tôt, pour dénoncer les attentats en Algérie. Il m'a aussi expliqué une allusion que seuls les Danois peuvent comprendre. Au Danemark, il existe un dicton : mettre une orange dans son chapeau porte chance. En troquant l'orange pour une bombe, les terroristes portaient malheur à l'Algérie. Voilà ce que son dessin voulait dire.

A l'époque de sa première parution, il n'a suscité aucun émoi. Les douze dessins danois font plus de bruit quand ils paraissent en septembre 2005. Plusieurs milliers de musulmans manifestent à Copenhague. L'un des principaux imams à l'origine de la colère, Abu Laban, règle alors ses comptes avec le *Jyllands-Posten*, qui a plusieurs fois épinglé son double discours, typique des Frères musulmans, dont il est proche[1]. Des associations religieuses portent plainte. Mais la plainte n'aboutit pas. Dix ambassadeurs de pays musulmans tentent aussi de faire pression sur le Premier ministre de l'époque, qui tient bon puis finit par condamner « toute expression tendant à diaboliser des groupes de gens » lorsque la campagne devient internationale et se prolonge[2].

Entre-temps, un parti islamiste pakistanais, la Jamaat-e-Islami, a offert une récompense à quiconque tuera l'un des caricaturistes. Ils doivent se cacher. Abu Laban ne désarme pas pour autant. Lui et d'autres imams partent faire une tournée au Proche et Moyen-Orient, où ils en rajoutent pour exciter leurs interlocuteurs.

---

[1]. Mohamed Sifaoui, *L'Affaire des caricatures*, Privé, 2006.
[2]. Jeanne Favret-Saada, *Comment produire une crise mondiale avec douze petits dessins*, Fayard, 2015. 1re édition 2007

La véritable affaire des caricatures

Comme l'a révélé un excellent documentaire, *Bloody Cartoons*, les militants islamistes danois ont emporté toutes sortes d'images dans leur dossier. Aux caricatures parues dans le *Jyllands-Posten*, ils ont ajouté d'autres images, particulièrement racistes, que l'on peut trouver sur des sites Internet d'extrême droite, mais qu'aucun journal danois n'a jamais publiées ! Mahomet avec des cornes tenant entre ses mains des petites filles, avec pour sous-titre « Mahomet pédophile ». Ou cette photo prise en France, à la fête du cochon, montrant un homme avec une tête de cochon et légendée ainsi : « Voici le vrai visage de Mahomet ».

Ulcérée, la Ligue arabe crie au scandale. Les pays de la Conférence islamique font pression sur les Nations unies pour condamner ces dessins. Tout est en place pour l'incendie. Il prend le 10 janvier 2006, lorsqu'un journal chrétien norvégien, *Magazinet*, décide de republier les caricatures. L'Arabie Saoudite est la première à condamner. L'Iran ne peut pas être en reste. C'est l'explosion.

En Iran et en Syrie, des foules enragées se dirigent vers les ambassades danoises (et même norvégienne) pour les brûler. Autant dire que leur colère est instrumentalisée. Dans ces pays où l'on ne peut manifester sans être manipulé ou réprimé, il s'agit surtout de faire diversion. La Syrie est alors en ligne de mire pour son implication dans le meurtre de Rafic Hariri. Quant à l'Iran, en plein bras de fer avec la communauté internationale au sujet du nucléaire, l'excitation est d'autant moins compréhensible que la culture chiite n'a jamais interdit de représenter Mahomet. Les mouvements de foule sont moins surprenants au Pakistan et au Nigeria, où des extrémistes musulmans ont l'habitude de fondre sur les chrétiens au moindre prétexte. Ce mois-là, ce sera donc pour des caricatures danoises... qu'ils n'ont probablement pas vues.

« *Si on recule, c'est Munich* »

Comment un journal comme *Charlie Hebdo* pouvait-il taire cette actualité, qui embrase le monde et tourne en boucle dans tous les médias ? Et comment couvrir cette actualité dans un journal de dessins, insolents envers le religieux, sans montrer les dessins pris pour cibles ?

Ce qui semblait « gratuit » trois mois plus tôt ne l'est plus. Des confrères nous appellent pour demander ce que compte faire *Charlie*. La

La véritable affaire des caricatures 93

réunion de rédaction où nous devons en décider tombe quelques jours après le début de la polémique et les premières attaques contre les ambassades danoises. Entre-temps, un journal, *France-Soir*, a choisi de montrer les dessins mis à l'index. Logique. Le jour où nous devons nous réunir, nous apprenons que son directeur, Jacques Lefranc, vient d'être limogé. Le propriétaire, un Franco-Égyptien, l'a clairement sacrifié pour sauver ses affaires. Les dessinateurs qui arrivent à la conférence sont stupéfaits et ne parlent que de ça. Du devoir d'informer sacrifié sur l'autel d'intérêts économiques. « Si on recule, c'est Munich », déclare Philippe Val, alors directeur de la rédaction de *Charlie*. On sourit mais personne ne songe à le charrier. L'heure est grave. Tout le monde le sait.

A *Charlie*, on peut s'engueuler sur tout, la façon de combattre le terrorisme ou l'antisémitisme, le sort des banlieues, le capitalisme, l'interventionnisme, mais s'il y a bien une chose qui nous réunit, c'est le droit de rire du fanatisme. Nous publierons donc ces caricatures. Philippe ne cherche absolument pas à faire un coup éditorial, comme j'ai pu le lire chez d'anciens de *Charlie* qui lui vouent une haine délirante. Il appelle les patrons des autres rédactions pour que tous les journaux publient les dessins danois en même temps, histoire de diluer la menace et de faire bloc autour des Danois. Mais chacun traite finalement l'événement à sa façon et *Charlie*, dont le titre résume le mieux cet esprit de résistance, se retrouve en première ligne. Avec son Mahomet « débordé par les intégristes » qui pleure dans ses mains : « C'est dur d'être aimé par des cons... »

La couverture de Cabu

Cette « une » a une histoire, que les analphabètes du dessin et du contexte ont voulu ignorer. Elle est exactement à l'image de *Charlie* : antiraciste et anti-intégriste. Une merveille d'équilibre et de responsabilité. Je me souviens de nos débats avant de l'accoucher. Le monde, nous le savions, allait la commenter. Aucun dessin ne va. Luz, comme souvent, avait fait une proposition douce et hilarante. Un homme en imperméable, lunettes noires et chapeau, se cache le visage. La légende dit . « Pourquoi Mahomet ne veut-il pas qu'on le reconnaisse ? » Réponse : « Parce qu'il ne veut pas qu'on sache qu'il a gagné l'euro-million ! » On rit. Mais cela ne peut pas être la couverture. On cherche. Malgré la pression. « Ben moi les gars, je vous

La véritable affaire des caricatures

le dis : j'ai peur ! » lâche Wolinski, avant de se remettre à dessiner. Philippe passe la tête en souriant : « C'est super courageux Wolin... de le dire ! »

Wolinsk n'a pas pour autant posé son crayon. Il pond même un dessin qui aurait pu faire la « une ». Un Mahomet hilare en train de lire le *Jyllands-Posten* : « C'est bien la première fois que les Danois me font rire. » C'est la bonne piste. Montrer un Mahomet sympathique, qui aurait le sens de l'humour. Les fanatiques ne cessent de le faire parler, pourquoi pas nous ? Et si on avait décroché son « 06 » ? Et si, surprise, le Mahomet, plutôt bonhomme, nous accordait une interview exclusive... Dans laquelle il déclarerait ne pas comprendre la réaction délirante des fanatiques ! Voilà l'idée, résumée dans un éclair par Philippe : « On met "Mahomet débordé par les intégristes" et là il dit : "C'est dur d'être aimé par des cons !" »

Il éclate de rire, nous aussi. Cabu, qui dessine pendant qu'on parle, la tient. Mahomet, « débordé par les intégristes », déclare : « C'est dur d'être aimé par des cons... » On fait bien attention à ce que la légende déborde sur le turban pour que personne ne puisse la couper. Ce sont bien les intégristes, et pas l'ensemble des musulmans, qui sont traités de « cons » par

Mahomet. Hélas, il ne faut jamais sous estimer le nombre de cons au mètre carré. Sur Internet, certains vont trafiquer le dessin pour le publier sans sa légende. Quant aux associations musulmanes, même quand elles ne sont pas intégristes comme la Mosquée de Paris, elles se croient obligées de poursuivre *Charlie* pour « calmer » les plus excités.

Je connais bien le recteur et son respect pour la laïcité. Je demande à le rencontrer pour lui proposer plutôt un débat dans *Charlie*, où il pourra dire en quoi ces dessins l'ont choqué. L'entrevue est cordiale, mais rien n'y fait. Nous voilà partis pour un procès retentissant, intenté par la Mosquée de Paris, l'UOIF et la Ligue islamique mondiale (les wahhabites saoudiens).

Le procès

Comme le délit de blasphème n'existe pas, les plaignants utilisent la même ruse que les associations catholiques : porter plainte pour incitation à la haine. Ce qu'aucun tribunal ne leur a jamais accordé en vingt-trois ans de dessins antireligieux dans *Charlie Hebdo*. Ni aux musulmans, ni aux juifs (qui n'ont jamais porté plainte contre les caricatures de rabbins parues

La véritable affaire des caricatures

dans le journal), ni aux catholiques. Sauf une fois. Lorsque *Charlie* a guillotiné le pape. La cour a estimé que la personne physique, et pas seulement le symbole, était visée. Pour le reste, le journal a gagné tous ses procès. Y compris celui des caricatures sur Mahomet. N'en déplaise à ceux qui ont insinué que notre relaxe avait à voir avec une forme de « deux poids, deux mesures », ce fut au contraire au nom de l'« égalité de traitement » que Charlie a plaidé et gagné. Grâce à des témoins comme Elisabeth Badinter, Flemming Rose, Abdelwahab Meddeb ou Mohamed Sifaoui[1].

A la barre, Richard Malka a montré des dessins autrement plus violents contre Jésus et le christianisme, en martelant : « Vous la voulez vraiment l'égalité de traitement ? Alors laissez-nous dessiner Mahomet... » La salle vibrait. Même l'avocat de la Ligue islamique mondiale a fini par sourire.

Du côté des politiques, François Hollande a tout de suite accepté de témoigner en notre faveur, malgré les pressions de ceux qui le déconseillaient. Nicolas Sarkozy a envoyé un

---

1. Venu notamment rappeler que les premiers à mélanger symboles de l'islam et symboles de guerre n'étaient pas un dessinateur danois... mais le drapeau saoudien, qui souligne la shahada d'un sabre.

fax retentissant et Ségolène Royal un SMS discret.

En dehors du tribunal, nous avons tout entendu. Chirac a sonné l'hallali en nous qualifiant de « provocateurs ». TF1 a décommandé un documentaire qu'une équipe tournait sur les coulisses de cette « une ». Des confrères anglo-saxons, au premier rang desquels la BBC et le *New York Times*, nous ont vivement sermonnés. Et bien sûr, une pluie d'intellectuels nous ont traités d'« islamophobes » ou d'« irresponsables ». Plantu nous a expliqué qu'il ne « fallait pas offenser les croyants » : « Observer des tabous, ce n'est pas forcément une régression, ce n'est pas un pas en arrière pour la liberté d'expression : c'est un pas en avant pour l'intelligence. » Tariq Ramadan nous a traités de « lâches ». Au diapason des intégristes chrétiens du FN. L'ancien président du MRAP voulait porter plainte pour « blasphème » aux côtés des intégristes, jusqu'à ce que des militants d'origine algérienne organisent une fronde pour nous soutenir. Jean Ferrat a même démissionné.

Le verdict nous a libérés. En voici un extrait : « Attendu que *Charlie Hebdo* est un journal satirique, contenant de nombreuses caricatures que nul n'est obligé d'acheter ou de lire […] en dépit du caractère choquant, voire blessant, de cette caricature pour la sensibilité des musulmans, le contexte et les circonstances de sa publication dans le journal *Charlie Hebdo* apparaissent exclusifs de toute volonté délibérée d'offenser directement et gratuitement l'ensemble des musulmans ; que les limites de la liberté d'expression n'ont donc pas été dépassées. »

En quelques lignes, l'esprit du droit français en matière de presse est résumé : il ne s'agit pas de nier que certains peuvent trouver ces caricatures blessantes mais de reconnaître que ces caricatures ne relèvent pas d'une volonté de nuire ou d'inciter à la haine. En un mot, le droit au blasphème est réaffirmé et *Charlie* lavé du soupçon de racisme.

Pour obtenir justice et cette clarification, nous avons dû batailler chaque seconde, sur chaque mot. Pour ne pas couler sous le feu croisé des menaces et des procès d'intention.

L'après

Ce climat a fini par user. Mais c'est la polémique avec Siné, si mal comprise et si injuste, qui nous a le plus minés. Le journal perdait beaucoup de lecteurs. Il fallait licencier. Charb en était malade. Je suis partie parmi les premières, avec Fiammetta Venner, pour me consacrer à d'autres aventures, à nos livres, à nos films et à ma chronique au *Monde*.

L'actualité de l'islamisme a continué et *Charlie* a dû continuer à en parler, de temps à autre. A peine 4 % des couvertures consacrées à l'islam. L'essentiel du journal est resté tourné vers la satire politique ou le fait de moquer les intégristes chrétiens, notamment lors de la Manif pour tous. Mais comment faire une couverture sur le pape lorsque les islamistes menacent d'appliquer la loi religieuse en Libye ou en Tunisie et en Egypte, ou se mettent à décapiter comme Daesh en Syrie ?

En 2011, dans le contexte de l'après-printemps arabe, alors que des intellectuels et des journalistes expliquent qu'il ne faut pas s'inquiéter, que les islamistes appliqueront leur loi religieuse de façon « modérée », *Charlie Hebdo* se baptise exceptionnellement « Charia Hebdo » et se demande à quoi ressemble une « charia molle ». A une lapidation avec des cailloux issus du commerce équitable ? A une loi religieuse qui autorise l'homosexualité mais oblige les gays à porter le voile ? C'est l'esprit des dessins.

Un numéro hilarant, illustré en couverture

La véritable affaire des caricatures 101

par un Mahomet rigolard. Cela suffit à faire hurler des humoristes comme Guy Bedos : « Qu'ils crèvent ! Ils ont pris des risques sur la peau des autres[1]. » Ses propos n'avaient pas le sens d'une mise à mort, plutôt d'un bras d'honneur, mais ils sont venus s'ajouter aux menaces. Le site du journal a été hacké depuis la Turquie. Ses locaux ont été incendiés, avant même que le numéro ne sorte en kiosque. C'était la première fois qu'un attentat visait aussi explicitement la liberté d'expression en France. L'attentat a été condamné, d'un bout à l'autre du spectre politique. Mais nous n'étions pas si nombreux dans la rue, à les soutenir au Théâtre du Rond-Point ou devant la mairie de Paris. Si nous avions été quatre millions ce jour-là, par principe, les jihadistes auraient-ils osé ?

---

1. Des propos qu'il a replacés dans leur contexte après l'attentat : « Je regrette d'avoir dit ça évidemment. Mais ça n'a pas le sens qu'on veut lui donner aujourd'hui. C'est extrêmement malveillant de publier ça aujourd'hui. Qu'ils crèvent ? ! Ah bon ? J'aurais pensé ça ? Pas du tout. Ça voulait dire : "Qu'ils aillent se faire foutre !" J'étais pas d'accord avec eux. C'était le langage de *Charlie*, le mien. On se disait des horreurs. Mais on était copains On pouvait boire un coup juste après. »

Les cibles du mot « islamophobie »

« Mal nommer un objet, c'est ajouter au malheur de ce monde », disait Camus. Le mot « islamophobie » ajoute aux malheurs du monde. On lui doit l'une des confusions sémantiques et politiques les plus graves de notre époque : faire croire que résister au fanatisme relève du racisme.

De quoi parlons-nous ? Sémantiquement, ce mot ne désigne pas la « phobie » envers les musulmans mais envers l'islam : « islamo-phobie » et non « musulmano-phobie ». Certains l'emploient de bonne foi et d'autres de parfaite mauvaise foi. Les intégristes l'utilisent pour dénoncer toute critique envers l'islam, son dogme ou ses abus, comme étant « phobique » et donc problématique. Des antiracistes utilisent le même terme pour viser la phobie envers les musulmans et se retrouvent à faire le jeu des intégristes.

Pour éviter toute confusion, il vaudrait mieux parler de racisme envers les musulmans. Mais là, certains répondent que les « musulmans » ne sont pas une race et qu'on ne peut donc pas parler de racisme... Faut-il rappeler que « les races » n'existent pas ?

Qu'on soit noir, juif, musulman ou homosexuel, nous appartenons à une seule et même espèce : humaine. Ni la couleur de peau, ni la religion, ni notre orientation sexuelle, ne font de nous des « spécimens » à part. Les races n'existent donc pas, mais le racisme oui. Il désigne précisément cette façon de transformer de simples différences, d'origine, de gout ou d'apparence, en caractéristiques fondamentales, en généralités, enfermant un groupe dans une « essence » à part.

Cette « essentialisation » peut viser n'importe quel groupe. Il n'y a donc aucun problème à parler de racisme antimusulman, qu'il s'agisse d'actes ou de propos visant les musulmans dans leur ensemble. Comme le fait de les rendre complices des crimes des terroristes ou de taguer un lieu de culte pour les punir. Si le terme « islamophobie » visait bien ce racisme, il mettrait tous les antiracistes d'accord. Malheureusement, il englobe sémantiquement toute critique envers le religieux ou l'intégrisme. Un vrai piège pour nos débats d'idées. Tout acteur responsable devrait refuser de l'employer. Car si les mots sont des armes, celui-ci est calibré pour blesser les laïques en feignant de viser les racistes.

Critiquer le religieux n'est pas raciste

Les intégristes chrétiens sont les premiers à avoir compris l'intérêt de confondre blasphème et racisme. Puisque le délit de blasphème n'existe plus en France en dehors de l'Alsace-Moselle, ils ont tenté de détourner la législation antiraciste et portent plainte pour « racisme antichrétien » contre des dessins de *Charlie* moquant les propos liberticides du pape, la pédophilie au sein de l'Eglise ou les commandos anti-IVG. Principalement à l'initiative de l'AGRIF, l'Alliance générale contre le racisme et pour le respect de l'identité française et chrétienne, animée alors par des cadres du Front national, qui parle désormais de « christianophobie[1] ». Ici, personne n'est dupe. Tout

---

1. Fiammetta Venner, *Extrême France*, Grasset, 2006 ; Jean Boulègue, *Le Blasphème en procès*, Nova, 2010.

le monde comprend qu'il s'agit d'intimider la critique du religieux et non de lutter contre le racisme. Il en est tout autrement lorsque des associations font le même calcul en utilisant le mot « islamophobie ».

Quelques semaines avant l'attaque de *Charlie Hebdo*, je me trouve au siège du Conseil français du culte musulman, pour interviewer Abdallah Zekri, porte-parole de l'Observatoire national contre l'islamophobie. Rattaché au Conseil français du culte musulman, il pointe les actes et propos antimusulmans avec l'aide du ministère de l'Intérieur. Plus exactement, le ministère l'aide à dénombrer les profanations de cimetières ou de carrés musulmans. Et l'Observatoire ajoute sur le compte de l'« islamophobie » toutes sortes de propos, parfois réellement racistes, et parfois seulement laïques ou irrévérencieux envers le religieux. A l'image des dessins de *Charlie* sur Mahomet que le CFCM a attaqués en 2006.

Abdallah Zekri représentait les plaignants dans les couloirs du tribunal. En dehors de ces moments de tension, on se parle et se comprend, sauf quand il s'agit du mot « islamophobie ». Le jour de notre entrevue pour LCP, je reviens de *Charlie Hebdo*, où nous avons interviewé Charb sur les menaces qu'il subit à cause de ce soupçon. Au CFCM, face caméra, Abdallah Zekri ne fait rien pour lever le malentendu. Il commence par sortir des photos de carrés musulmans tagués par des salopards, très probablement d'extrême droite, puisqu'ils ont tracé à la bombe des croix gammées. Des graffitis odieux, qui ne relèvent évidemment pas de la liberté d'expression, mais bien de l'incitation à la haine. Ils méritent d'être poursuivis et condamnés. C'est encore plus odieux quand ils visent des carrés où sont enterrés des soldats musulmans morts pour la France. Abdallah Zekri dit son émotion. Je la partage entièrement. Mais voilà qu'il sort de son classeur une autre image, qu'il désigne également comme « islamophobe ». Un dessin de Tignous moquant les interdits alimentaires et sexuels pendant le mois de ramadan. Un musulman rigolard demande à un barbu : « Si ma femme me suce la journée, mais qu'elle n'avale que le soir, ça va ? » C'est drôle, très irrévérencieux, mais pas du tout raciste. Pourtant l'Observatoire de l'islamophobie a fait condamner un site d'extrême droite l'ayant repris (sans permission) au milieu d'autres images réellement haineuses.

Dans *Charlie*, ce dessin ne peut valoir

aucune condamnation. Le lieu de publication est important, capital même, pour comprendre l'intention. C'est ce que juge un tribunal professionnel quand il évalue un dessin ou un propos : l'intention *et* le contexte. Au tribunal amateur de l'Observatoire contre l'islamophobie, tout le monde est condamné au même titre : l'humour antireligieux et le racisme, grâce à la confusion induite par le mot d'« islamophobie ».

Brouiller l'alerte

Voilà douze ans que nous alertons, Fiammetta Venner et moi-même, contre les confusions sémantiques et politiques des termes « judéophobie », « christianophobie » ou « islamophobie ». Dès 2003 dans *Tirs croisés*[1], nous montrons l'utilisation que peuvent en faire les intégristes, comme l'AGRIF ou les mollahs iraniens. Des féministes américaines ayant soutenu la révolution islamique, par anti-impérialisme, ont été accusées d'« islamophobie » quand elles ont critiqué l'une des premières mesures du régime islamique : obliger les femmes à porter

---

1. C Fourest, F Venner, *Tirs croisés*, Calmann-Lévy, 2003

Les cibles du mot « islamophobie »

le voile. Nulle part, il n'est écrit que les mollahs ont le monopole de ce terme. Il s'agit seulement de repérer l'une des premières fois où il a été utilisé dans un sens intégriste, pour accuser des féministes de racisme.

Ce n'est pas ce qui intéresse ceux qui ont tenté de désamorcer l'alerte par un brouillage assez grossier, mais largement repris sur Internet, sur Wikipédia et dans certains médias. Faire croire que ce mot avait été accusé à tort de poser problème en raison de son « origine iranienne »… alors qu'il en pose en raison de sa sémantique ! C'est la ligne choisie par Abdellali Hajjat et Marwan Mohammed, auteurs d'un très contestable *Islamophobie : comment les élites françaises fabriquent le « problème musulman »*[1]. Leur argument consiste à expliquer que nous nous sommes trompées… Puisque « islamophobie » n'existe pas en persan et qu'on a utilisé ce terme autrement dans un texte de 1910, pour dénoncer l'hostilité de l'administration coloniale à l'encontre des musulmans !

Faut-il que le niveau d'habileté rhétorique soit tombé bien bas pour qu'un argument pareil

---

1. Abdellali Hajjat, Marwan Mohammed, *Islamophobie. Comment les élites françaises fabriquent le « problème musulman »*, La Découverte, 2013.

puisse porter. D'abord, l'accusation dont nous parlons a été lancée en anglais et non en farsi. Mais surtout, ce n'est pas le sujet. L'important n'est pas de savoir si quelqu'un, une fois dans sa vie, a utilisé le mot « islamophobie » dans un sens antiraciste. Il s'agit de pointer une ambiguïté sémantique pouvant conduire à des utilisations intégristes.

Nous l'écrivons en 2006 dans le hors-série de *Charlie Hebdo* sur le blasphème, illustré par Charb et Luz : « Le mot "islamophobie" a également parfois été utilisé dans un sens antiraciste, pour exprimer une réelle inquiétude vis-à-vis des sentiments exagérément "phobiques" que pouvait générer l'islam chez certains. Mais depuis la montée en puissance politique de l'islamisme, notamment à la fin des années 1970, il a pris un sens profondément intégriste et antiblasphème. »

Cet usage intégriste refait surface en Angleterre au lendemain de l'affaire Rushdie, lorsque des groupes islamistes ayant participé à la campagne contre les *Versets sataniques* comprennent l'intérêt de passer du statut de bourreaux relayant la fatwa de Khomeini à celui de victimes de l'« islamophobie ». Un tournant notamment opéré par une association islamiste proche du Hamas et considérée comme la tête

Les cibles du mot « islamophobie »

de pont du lobby khomeiniste à Londres : la Islamic Human Rights Commission[1].

Son site a longtemps considéré comme « islamophobes » les « atteintes aux droits de Dieu ». Après de nombreuses critiques, l'association a tenté de paraître plus présentable en retirant cette mention. Elle n'en reste pas moins sous la coupe de l'Iran. Ce qui explique pourquoi l'ONG commence, timidement, à s'inquiéter de ses rivaux sunnites comme l'Etat islamique, tout en attaquant systématiquement les adversaires de l'intégrisme. Son fondateur, Massoud Shadjareh, a été vu dans une manifestation à Trafalgar Square en 1994, enroulé dans une banderole criant « Morts aux ennemis de l'islam[2] ». Depuis, il semble préférer les remises de prix pour « islamophobie ».

Son association récompense chaque année ceux qu'il considère comme les victimes et les bourreaux. Les victimes de l'« islamophobie » ? Les talibans, les Tchétchènes et les prisonniers

---
1. Douglas Murray, « The truth about the Islamic Human Rights Commission », *The Telegraph*, 21 juin 2010 ; Melanie Phillips, « Hezbollah cells await Iran's orders », *The Spectator*, 2 août 2006.
2. Melanie Phillips, « Hezbollah cells await Iran's orders », *art. cit.* ; Massoud Shadjareh était aussi conférencier à la « Imam Khomeini Conference » en 2013.

du Hamas (pas tous les prisonniers palestiniens, juste ceux du Hamas).

Les plus grands « islamophobes » ? Salman Rushdie et Taslima Nasreen (jugés traîtres et apostats), François Hollande (nominé pour l'intervention au Mali) et... *Charlie Hebdo*, à qui l'IHRC a décerné le prix d'« islamophobe de l'année » deux mois, jour pour jour, après le massacre du 7 janvier ! Avec le soutien d'une Française, Houria Bouteldja des Indigènes de la République, venue faire une conférence à l'IHRC quelques jours plus tôt et qui, elle, recevait le prix de « la lutte contre l'islamophobie » l'année précédente. Peut-on être plus clair ?

La Islamic Human Rights Commission ne poursuit qu'un objectif : intimider les adversaires de l'Iran et de l'islam intégriste. Pourtant, sa remise de prix a lieu en présence d'éminentes personnalités comme l'archevêque de Canterbury, devenu le relais des revendications islamistes. L'association bénéficie aussi du statut d'ONG accréditée à l'ONU. Ce qui lui a permis de porter le terme « islamophobie » et ses revendications intégristes dans les coulisses de la conférence des Nations unies contre le racisme de Durban en 2001, dont le forum des ONG a tourné à la farce antisémite.

Le mot « islamophobie » a également été anobli

par le groupe des pays musulmans siégeant à l'Onu : l'Organisation de la coopération islamique (ex-Organisation de la conférence islamique). Sous leur influence conjointe, certains rapporteurs du Conseil des droits de l'homme en charge du racisme et de la xénophobie se sont mis à répertorier des propos relevant de la « diffamation des religions », l'« islamophobie » ou la « christianophobie ». Moralité : les dessins danois et ceux de *Charlie Hebdo* se sont retrouvés pointés du doigt comme le signe d'une déferlante « islamophobe » en Europe !

En France, le terme a été banalisé par un ouvrage paru en 2003, *La Nouvelle Islamophobie* de Vincent Geisser[1], un chercheur au CNRS très apprécié des cercles intégristes. Lui-même confie vouloir dénoncer la « religiophobie » et plus particulièrement l'« islamistophobie », c'est-à-dire la phobie envers les islamistes, les intégristes, et pas seulement envers les musulmans. Ce qui lui permet de désigner comme « facilitateurs d'islamophobie » : les « journalistes d'investigation » enquêtant sur le terrorisme, les « recteurs, muftis, imams liés à l'Etat algérien » comme la Mosquée de Paris ou encore

---

1. Vincent Geisser, *La Nouvelle Islamophobie*, La Découverte, 2003.

SOS Racisme. Et bien sûr, quelques années plus tard, *Charlie Hebdo*. L'auteur est allé jusqu'à voir dans *Charlie Hebdo* « une forme de salafisme laïc ! », soufflant sur les « braises » du choc des civilisations[1]. Il est vrai que Vincent Geisser considère les laïques comme étant plus dangereux que les intégristes. Un temps proche des islamistes tunisiens, il a dû déchanter. Leur pratique du pouvoir a démenti à peu près tous les messages rassurants qu'il tenait dans la presse depuis des années.

Des sources douteuses

Intéressons-nous à la probité intellectuelle de ceux qui veulent, à tout prix, réhabiliter le mot « islamophobie » : Abdellali Hajjat et Marwan Mohammed. Leur livre voit de l'« islamophobie » partout, en se fondant pour l'essentiel sur les données fournies par le très douteux Collectif contre l'islamophobie en France (CCIF), présenté comme une « source statistique de référence ». Ce qui en dit long sur la rigueur des auteurs. Car en fait de « référence », ce

---

1. Alexandra Schwartzbrod, « Le piège d'un débat identitaire et binaire », *Libération*, 19 septembre 2012.

Les cibles du mot « islamophobie » 115

site pro-islamiste considère comme « islamophobe » tout propos visant à défendre la loi sur les signes religieux à l'école publique, tout propos féministe critique envers le voile, et même tout fait divers impliquant un musulman !

Exemple en 2011 à Dreux, lorsque Archane Nouar est tué de huit coups de couteau... Par un dealer, lui aussi musulman. Pour le CCIF, c'est un crime « islamophobe ». Il le signale sur sa carte de France des actes « islamophobes », par un petit bonhomme portant un turban d'apparence sikhe. Sans que l'on comprenne bien le rapport entre un meurtre commis par un dealer et cette icône...

Le CCIF classe également comme « actes islamophobes » des mesures d'expulsion contre des personnes condamnées pour implication dans des entreprises terroristes, et même le fait de ne pas se solidariser avec ces personnes soupçonnées de terrorisme, les condamnations d'imams en raison de prêches incitant à la haine envers la communauté juive, ou le fait de fermer des salles de prière occupées illégalement. En un mot, toute mesure défavorable à un membre de la communauté musulmane, quelle que soit sa raison, est jugée « islamophobe ». Il ne s'agit pas d'antiracisme mais bien de communautarisme et même, disons-le franchement, d'intimider toute vigilance envers l'intégrisme ou le terrorisme.

Isabelle Kersimon et Jean-Christophe Moreau, respectivement journaliste et juriste, se sont penchés sur cet ouvrage et ses sources dans *Islamophobie : la contre-enquête*[1]. En quelques lignes, ils détruisent sa méthodologie. Celle du CCIF mais pas seulement. Ceux qui veulent accréditer l'idée d'une vague « islamophobe » déferlant sur la France se fondent sur les résultats d'une étude en principe bien plus sérieuse. Elle est menée par des chercheurs du CNRS et elle est censée mesurer « l'aversion pour l'islam ». D'après cette étude, 89 % des personnes interrogées éprouveraient une « aversion pour l'islam » au sujet du voile. Le chiffre paraît très élevé. Et pour cause, la méthode utilisée pour l'obtenir est absurde. La question posée était la suivante : « Selon vous, le respect des pratiques religieuses musulmanes suivantes peut-il, en France, poser un problème pour vivre en société ? » Sur la question du voile, 89 % des sondés ont répondu « Oui, tout à fait », « Oui, plutôt » ou « Non, pas vraiment ». Seuls 11 % ont fait preuve d'un optimisme à toute

---

1. Isabelle Kersimon et Jean-Christophe Moreau, *Islamophobie : la contre-enquête*, Plein Jour, 2014.

Les cibles du mot « islamophobie »

épreuve, en répondant : « Non, pas du tout. » Or selon cette étude, seuls ces optimistes béats n'éprouvent aucune « aversion envers l'islam ». Tous les autres, y compris ceux qui ont répondu que le voile ne posait « pas vraiment problème » pour vivre en société en France, sont classés parmi les « islamophobes » ! D'où ce résultat effrayant, mais vide de sens.

C'est pourtant largement sur cette étude que la Commission nationale consultative des droits de l'homme, une institution chargée de rédiger des rapports et de faire des propositions au Premier ministre, se fonde pour donner l'alerte.

Edwy Plenel s'émeut lui aussi d'une « flambée » d'actes islamophobes dans son livre, *Pour les musulmans*[1]. Un plaidoyer antiraciste bienvenu s'il ne tournait pas à l'ode incroyablement simpliste et paternaliste, où les musulmans semblent victimes d'amalgames, qu'ils soient laïques ou fanatiques[2].

---

1. Edwy Plenel, *Pour les musulmans*, La Découverte, 2014.
2. A croire que l'auteur ne fait pas la différence, Edwy Plenel donne volontiers des conférences en compagnie de Tariq Ramadan. Comme le 17 janvier 2015 à Brétigny-sur-Orge, pour parler ensemble, et non lors d'un débat contradictoire, des « difficultés de la jeunesse musulmane en France ». L'entrée coûte 50 euros, mais un tirage au sort permet de gagner un pèlerinage à La Mecque. Ce jour-là, Edwy Plenel entre sous les applaudissements demandés pour lui par Tariq Ramadan. Il commence rapidement par dénoncer ceux qui ont tiré sur *Charlie*, puis évoque

Des faits et des fantasmes

Sommes-nous face à une flambée d'« islamophobie » en France ? Jusqu'au 7 janvier 2015, le pays connaissait un nombre plutôt faible d'actes antimusulmans, souvent commis par l'extrême droite. Quelques agressions de femmes voilées. Des tags et des coups de feu contre des mosquées. Des têtes de porc déposées devant des lieux de culte. Des profanations de cimetières. D'après Moreau et Kersimon, au plus fort des profanations, ces actes ont touché, proportionnellement, 4 % des cimetières musulmans et 11 % des cimetières juifs. Ces agressions sont graves, mais s'inscrivent dans un contexte plus global de remontée des racismes. Que rien ne justifie. Pas plus le conflit israélo-palestinien que les attentats du 7 janvier.

Jaurès pour mieux inviter à dénoncer ceux qui pratiquent une « laïcité d'exclusion », sans vraiment faire la distinction entre les laïques accusés à tort d'« islamophobie » et les xénophobes. Tariq Ramadan enchaîne en redisant ses doutes sur les faits du 7 janvier, annonce qu'il va prendre « clairement » position sur ces faits dont il doute, puis se contente d'expliquer qu'il faut prendre en compte la « charge émotionnelle » provoquée par les attentats de Paris pour rester « audible » malgré ces doutes. Un discours tout sauf clair, pour changer, mais qu'auront décrypté ses fidèles.

Les cibles du mot « islamophobie » 119

En revanche, il existe une corrélation entre ces crises ou les attentats et les pics d'agressions. C'est au lendemain de l'attentat du 7 janvier que le nombre d'actes antimusulmans a explosé. Mais contrairement aux Etats-Unis après le 11 Septembre, aucun *hate crime*, aucun « crime de haine », n'a été déploré jusqu'ici. A l'exception d'un fait divers dans le Vaucluse : un fou qui a tué son voisin, d'origine marocaine, en criant qu'il était son Dieu ! Atroce. Mais faut-il comptabiliser tous les gestes de démence, qu'ils soient commis par des musulmans ou qu'ils visent des musulmans, comme « politiques » ou terroristes ?

La réalité, c'est qu'il existe en France un racisme antiarabe résiduel, postcolonial, plutôt présent chez les générations âgées ayant connu la guerre d'Algérie. Toutes les enquêtes indiquaient sa lente mais sûre décroissance avant le 11 septembre 2001. Les nouvelles générations sont bien plus inspirées par SOS Racisme que par la guerre d'Algérie. Ce mouvement est reparti en sens inverse après le 11 Septembre, lorsque la multiplication de crimes commis au nom de l'islam s'est invitée au cœur de nos vies et de nos actualités, aux Etats-Unis ou en Europe.

De ce jour, une « phobie » au sens de peur

– parfois exagérée et parfois légitime – s'est ajoutée au vieux fond de racisme. Et encore, pas toujours. Les Français résistent mieux à la peur qu'on ne le dit si l'on en croit la première grande étude post-7 janvier, réalisé par Ipsos pour Europe 1 et *Le Monde*. Selon ce sondage, 47 % des Français jugent que l'islam est compatible avec les valeurs de notre pays. C'est peu mais presque deux fois plus qu'il y a deux ans. Preuve que la couverture médiatique des attentats n'a pas été si mauvaise. Le fait d'entendre des imams clairs ou des intellectuels musulmans réellement laïques, et pas seulement des prédicateurs ambigus, a certainement aidé. Pourtant, de nombreux musulmans continuent d'en vouloir aux journalistes, qu'ils rendent responsables de l'« islamophobie ». Ils devraient plutôt en vouloir à ceux qui fabriquent cette peur : les terroristes. Le jour où ces attentats cesseront, cette phobie déclinera et l'on pourra enfin espérer stopper l'ascension inquiétante de l'extrême droite.

Il est possible d'endiguer le rejet et la peur. Avec habileté et pédagogie, on peut convaincre les citoyens de faire la part des choses et de ne pas tout mélanger. Mais comment s'étonner du succès de la droite dure et de l'extrême droite quand ceux qui se réclament de la gauche ou de l'islam ne cessent de trouver des excuses aux tueurs ?

La culture de l'excuse

On a presque tout entendu sur les terroristes. Qu'ils étaient des « enfants perdus », de « pauvres types », des exclus, des « déshérités ». En un mot des « victimes ». Dans la bouche de Tariq Ramadan, Mohammed Merah est « un pauvre garçon », « victime d'un ordre social qui l'avait déjà condamné[1] ». Pour Edwy Plenel, les « monstres » Kouachi et Coulibaly « n'ont rien à voir avec l'islam » mais sont le produit « des déchirures de notre société[2] ». Rokhaya Diallo, quant à elle, accuse carrément la France, sa conception de l'égalité, de la République et de la laïcité, d'avoir créé ces « monstres » · « Ce n'est pas le Coran qui a produit ces monstres. Ils sont nés en France, ils ont grandi ici. Ces tueurs sont le fruit de réalités sociales bien françaises Cette rage folle et meurtrière qui les anime n'est pas le fruit d'un enseignement

---

1. « Les enseignements de Toulouse », blog de Tariq Ramadan.
2. Edwy Plenel : « Ces monstres sont le produit de notre société », Bondy Blog, 14 janvier 2015.

religieux transmis par leurs familles mais la production d'un contexte socio-politique français. Sinon, comment expliquer qu'en proportion du nombre de musulmans présents sur son sol, la France envoie plus de jihadistes en Syrie que les pays historiquement et majoritairement musulmans comme l'Egypte[1] ? »

Il ne lui vient pas à l'idée que les jihadistes égyptiens sont largement mobilisés par leur tentative de prise de pouvoir, quand ils ne sont pas empêchés de partir en Syrie par la répression policière égyptienne, autrement plus brutale qu'en France. Quel raisonnement douteux... Rendre la France responsable des attentats de Paris, quand on sait qu'Al Qaïda ou Daesh recrutent dans toutes les nationalités et que presque tous les pays sont touchés. Expliquer qu'il ne faut pas faire d'amalgames entre une poignée d'extrémistes et l'immense majorité des musulmans, démocrates et laïques, et vouloir nous faire croire que l'intégration française a totalement échoué... Parce que quelques centaines se sont égarés, sur plusieurs millions de musulmans français.

Non seulement, ce raisonnement ne tient

---

1. « A force de déni, la France a créé ses propres monstres », *art. cit.*

Les cibles du mot « islamophobie » 123

pas la route, mais il vise clairement à déresponsabiliser les terroristes. Comme si le fait d'avoir eu une enfance difficile, d'avoir grandi dans une cité dégradée ou même d'avoir du mal à trouver un emploi à cause de son patronyme pouvait justifier, de près ou de loin, de prendre une kalachnikov. Est-ce parce qu'ils étaient orphelins que les tueurs des attentats de Paris ont abattu Mustapha, le correcteur de *Charlie*, Ahmed, Clarissa et des clients de l'Hyper Cacher ? Est-ce parce qu'ils souffraient du racisme, vraiment, que Merah, Kouachi et Coulibaly ont tué un enfant juif, un militaire musulman, un dessinateur, une policière noire ou un policier prénommé Ahmed ? C'est tout l'inverse. Ils les ont tués parce qu'ils étaient racistes.

La meilleure réponse à ces discours misérabilistes est venue de Chabane Kouachi, le frère des tueurs des attentats de Paris : « Mes frères ne peuvent pas dire qu'ils en sont arrivés là parce qu'ils étaient orphelins. Je le suis aussi, et je ne suis pas comme eux[1]. » Les frères Kouachi et leur sœur ont eu la même enfance dans un foyer d'accueil, la même mère prostituée, morte

---

1. « Mes frères ne peuvent pas dire qu'ils en sont arrivés là parce qu'ils étaient orphelins », Marianne.net, 9 mars 2015.

quand ils étaient jeunes. Pourtant deux sont devenus terroristes et deux ne le sont pas. Diplômé d'une licence de japonais, Chabane Kouachi n'en veut pas à la société, mais à ses frères, qui l'ont toujours considéré comme un « traître » parce qu'il ne voulait pas devenir intégriste comme eux : « Ils m'ont encore demandé quand je deviendrai musulman. J'ai répondu que je ne serai jamais converti de force, ce qui avait le don de les agacer. »

Non seulement, tous ceux qui souffrent ne prennent pas une kalachnikov, mais certains trouvent la force de se comporter en héros. Doit-on rappeler que c'est Lassana Bathily, un sans-papiers, qui a sauvé des clients de la tuerie à l'Hyper Cacher ? A l'inverse, tous les terroristes n'ont pas souffert de la misère ou de la discrimination. Ne parlons pas du milliardaire Ben Laden, mais de l'assassin de Theo Van Gogh. Un Néerlandais-Marocain. Un pays qui glorifiait alors le multiculturalisme et l'aide aux nouveaux arrivants. A son procès, il a tenu à préciser qu'il n'avait pas tué pour se venger d'une quelconque discrimination, mais bien pour punir le réalisateur d'un film dénonçant le sexisme du Coran.

Le tueur de Copenhague, lui aussi, a grandi dans un pays très ouvert. Le Danemark accueille volontiers les réfugiés du Moyen-Orient, comme sa famille, et même les combattants revenant de Syrie, sans les stigmatiser. Tolérer les intolérants n'a jamais fait baisser l'intégrisme. Tout comme l'intégration, même réussie, ne protège pas des fous furieux.

Est-ce parce qu'ils étaient mal intégrés que les islamistes ont ensanglanté l'Algérie pendant les années 1990 ou la Tunisie en 2015 ? Que des jihadistes irakiens et syriens ont créé l'Etat islamique ? Comment peut-on dire dans la même phrase que les musulmans sont les premières victimes du terrorisme, ce qui est vrai, et nous expliquer que le terrorisme est lié au manque d'intégration dans les sociétés occidentales ? Est-ce parce qu'ils ne sont pas assez intégrés dans les pays musulmans que les musulmans tuent d'autres musulmans ? Les musulmans seraient donc racistes envers les musulmans et ce racisme expliquerait la naissance de l'islam politique radical en Egypte et au Pakistan ? Absurde.

Il existe des apprentis terroristes dans toutes les sociétés, qu'elles soient musulmanes et autoritaires, laïques comme la France ou multiculturalistes comme l'Angleterre et les Etats-Unis. C'est donc qu'il n'existe aucun lien entre le modèle d'intégration et la production de terroristes. C'est pourtant bien le modèle français qu'une large partie de la presse américaine et anglaise, et même le président américain, ont tenu à rendre responsable des attentats de Paris.

Obama n'a pas trouvé le temps de venir en France le 11 janvier. En revanche, lors d'une conférence organisée au lendemain de l'attentat avec le Premier ministre britannique David Cameron, il a tenu à expliquer que le terrorisme était lié au manque d'intégration des musulmans en Europe, contrairement aux Etats-Unis, si parfaits : « C'est que notre population musulmane se sent américaine. Il y a des endroits en Europe où ce n'est pas le cas et c'est probablement le principal danger auquel l'Europe fait face. » Il n'y a donc aucun jihadiste aux Etats-Unis. Même les frères Tsarnaev, résidents américains et auteurs du double attentat lors du marathon de Boston en 2013 ?

Si le modèle américain est effectivement moins exigeant que le modèle français en terme d'identification, il n'est pas immunisé contre le racisme. Les crimes de haine, quasi inexistants en France, y sont fréquents. Il existe aussi dix fois plus de mariages mixtes en France, où l'on cultive le droit à l'indifférence, qu'en

Les cibles du mot « islamophobie »

Angleterre, où l'on cultive le droit à la différence. En revanche, aucun des deux modèles ne peut éviter la dérive individuelle menant au terrorisme. Ni un Kouachi, ni un « Jihadi John », l'un des plus féroces décapiteurs de Daesh, citoyen britannique originaire du Koweït, élevé dans les beaux quartiers à l'ouest de Londres et diplômé de l'université de Westminster.

Aussi difficile que cela soit à admettre en démocratie, les terroristes ne basculent pas dans l'horreur par nécessité mais par goût, pour des raisons idéologiques. C'est par fanatisme et non à cause d'un « manque d'intégration » que le milliardaire Oussama Ben Laden a commandité les attentats du 11 Septembre. Par extrémisme et non parce qu'ils sont nés en France que les frères Kouachi ont voulu faire le jihad contre les Américains après Abou Ghraïb. Quant à chercher les raisons du succès de la propagande islamiste auprès des plus déshérités, la réponse se trouve certainement plus dans les ratés de la guerre d'Irak que dans les pages de *Charlie*... Sans que ni l'un ni l'autre ne puissent le justifier. Ni ici, ni ailleurs.

Que chacun se le dise. Le terrorisme peut séduire n'importe qui grâce à Internet. De jeunes banlieusards comme de jeunes Normands, et même de jeunes chrétiennes se convertissant à l'islam pour servir d'objets sexuels à des terroristes en Syrie. La motivation de ces filles tient clairement à l'embrigadement sectaire. Celle des garçons est relativement plus facile à cerner. Le jihad fournit un sens et de l'adrénaline aux frustrés rêvant de voyager, de tirer à la kalachnikov et d'avoir des esclaves sexuelles. L'explication patriarcale paraît, en tout cas, bien plus valable que l'explication sociale ou culturelle. Ce qui ne veut pas dire qu'une meilleure politique sociale ne soit pas souhaitable pour faire baisser la tentation patriarcale et intégriste. A condition de ne pas tout mélanger : le repli communautaire, la tentation intégriste et le passage à l'acte terroriste.

Trouver des excuses à ceux qui choisissent le terrorisme, c'est mépriser tous ceux que la misère, l'adversité ou l'ennui n'ont pas transformés en bourreaux. C'est dire aux assassins, continuez à tuer pour vous faire entendre. On vous comprend, on vous écoute. Quand d'autres leur crient d'apprendre plutôt à écrire ou dessiner.

Autocensure à l'anglo-saxonne

Il est tard. Les interviews n'ont pas arrêté. Je rentre du plateau de CCTV, la chaîne chinoise. Une équipe de Sky News, la chaîne d'information continue britannique, m'attend chez moi pour tourner un dernier entretien. Les lumières sont prêtes, le cadreur aussi, et le journaliste me tend l'oreillette. Le direct commence. Une présentatrice dont j'entends juste la voix me demande de commenter la « couverture » de *Charlie* et la polémique qui l'entoure. Comment la commenter sans la montrer ? Aucun des téléspectateurs à qui je m'adresse ne l'a vue sur cette antenne. L'objet sulfureux est à mes pieds, dans un sac. Je sors la « une » de *Charlie* et je la montre face caméra. Panique du cameraman qui resserre son cadre. Panique de la présentatrice qui m'interrompt : « A Sky News, nous avons choisi de ne pas montrer cette une, alors nous aurions apprécié Caroline que vous ne la montriez pas. Je m'excuse auprès de tous nos téléspectateurs qui auraient pu être offensés par ce geste. Comme vous le savez, ici à Sky News, nous avons pris la décision éditoriale de ne pas montrer la couverture de *Charlie Hebdo*. »

Je mets quelques secondes à réaliser qu'elle a carrément coupé l'antenne, et deux secondes de plus à digérer ses excuses... auprès de ceux que la vue très rapide de ce dessin aurait pu traumatiser ! Stupéfiant. Nous parlons d'une chaîne qui émet depuis une démocratie, et non d'une chaîne chinoise. Voilà des jours que les journalistes américains et anglais nous harcèlent pour connaître le dessin qui sera en couverture du « numéro des survivants ». Une fois publié, ils l'ont décrit sans le montrer, souvent pour le critiquer, sans jamais offrir à leurs téléspectateurs une chance de se faire une idée par eux-mêmes. La BBC a ressorti de ses tiroirs une consigne édictée au moment de l'affaire des caricatures de 2006 : « Il est possible de décrire les dessins, mais non de les montrer afin de respecter la sensibilité religieuse des téléspectateurs. » Et la sensibilité des agnostiques, des laïques, des athées ? Et le droit d'informer ?

Même réflexe sur les chaînes américaines.

Les jours précédents, chaque fois que j'ai montré une couverture de *Charlie* sur Mahomet sans être en direct, sur CNN ou MSNBC, ils l'ont floutée. Ce n'est pas le choix de journalistes avec qui j'ai des entretiens passionnants, comme avec Ronan Farrow, mais une exigence de leur direction. La mère du célèbre journaliste, Mia Farrow, a d'ailleurs dénoncé cette hypocrisie dans un tweet : « Désespérant que plusieurs stations télé américaines aient choisi de ne pas montrer les nouveaux dessins de *Charlie Hebdo*. Quand nous reculons, le terrorisme gagne. »

Cette censure est d'autant plus paternaliste et déconcertante qu'elle vise un dessin au cœur de l'actualité, objet de débats, que l'on peut voir partout sur le Web. Comment justifier que seuls les médias traditionnels en parlent sans la montrer ? Pour ne pas « choquer », ne pas « offenser, par « éthique de responsabilité » ? Vraiment ?

Panique, but don't laïque

Moins de deux heures après le massacre du 7 janvier, les pires commentaires pleuvaient sur les chaînes anglophones. Agnès Catherine Poirier, qui a suivi de nombreux débats pour *Marianne*, a relevé un « florilèges de petites phrases assassines » chez des confrères américains ou britanniques. « La laïcité ? Ah oui encore une de ces exceptions françaises, comme avoir une maîtresse quand on est marié... » Ou encore : « La satire française est la chose la plus ignoble qui soit. » Sur Al Jazeera en anglais, dont la rédaction est basée à Londres, on n'est pas loin d'exiger des excuses de la part des survivants : « Il serait peut-être temps pour les journalistes et les dessinateurs de *Charlie Hebdo* de demander pardon aux croyants offensés par leurs dessins[1] ? »

Un climat désespérant, résumé avec humour par David Aaronovitch dans *The Times* : « Si un habitant de Vénus débarquait sur terre et lisait nos journaux, il serait vite amené à croire qu'un gang de dessinateurs a en fait massacré à la kalachnikov une douzaine de musulmans au franc-parler. »

Au nom de l'« équilibre », si cher à la BBC, la plupart des débats ont tourné à de drôles de farces. Comme si le point de vue de ceux qui soutiennent les victimes devait être immédiatement contrebalancé par ceux qui soutiennent le

---

[1]. Agnès Catherine Poirier, « Le procès de la France », *Marianne* du 20 au 26 février 2015.

point de vue des tueurs. Par exemple, lorsque Channel 4 organise un débat entre un révérend anglican d'origine jamaïquaine plutôt ouvert et un intégriste comprenant les motivations du massacre : Abdullah al-Andalusi. A l'antenne, il compare le sort des musulmans européens à celui des Juifs sous le nazisme, puis le meurtre des membres de *Charlie Hebdo* à celui d'un éditeur nazi en 1936, Wilhelm Gustloff : « Cet éditeur de livres nazis ne faisait qu'exprimer ses opinions et, quand il fut assassiné par un Juif, personne n'a accusé les Juifs d'extrémisme. »

La présentatrice de Channel 4 n'a pas jugé bon de le recadrer. Il a fallu attendre l'excellent décryptage de Michael Goldfarb dans *The Telegraph*[1]. Après avoir rappelé que l'éditeur en question était aussi fondateur du parti nazi suisse, qu'il avait été assassiné par un Juif qui s'est immédiatement rendu à la police, il s'étonne que des collègues puissent laisser passer des « parallèles aussi douteux », entre une époque où l'on dessine Mahomet et les années où les Juifs étaient interdits de travailler, leurs droits civiques révoqués, et s'apprêtaient à être déportés pour être exterminés. Il dénonce

---

1. Michael Goldfarb, « The coverage of the killings in France risks distorting history », *The Telegraph*, 14 janvier 2015.

surtout le glissement journalistique consistant à confondre l'« équilibre » avec l'« équivalence », en l'occurrence entre un point de vue démocrate et un point de vue totalitaire.

Parfois, seuls les totalitaires ont la parole. L'article de Michael Goldfarb, commandé par *The Guardian*, temple journalistique du relativisme antilaïque, a été refusé dans ses pages. Tout comme la tribune d'une blogueuse de culture musulmane dénonçant l'antisémitisme de ses coreligionnaires.

Au moment de l'affaire des caricatures de 2006, je me souviens de journalistes anglo-saxons débarquant à *Charlie* pour nous insulter : « Comment pouvez-vous montrer Mahomet si les musulmans ne veulent pas qu'on le dessine ! » Un vrai choc culturel dans les murs d'un journal habitué à croquer librement toutes les croyances. Epuisée par un présentateur de la BBC, Fiammetta Venner a fini par lui rétorquer que s'il tenait absolument à respecter tous les interdits de l'islam, il fallait d'urgence déboulonner tous les crucifix et les portraits de Jésus dans les églises britanniques... Puisque Jésus est aussi considéré comme un prophète de l'islam et que la crucifixion, selon le Coran, n'a jamais existé. Enferré dans son différentialisme, l'animateur pensait avoir trouvé le moyen de garantir la paix : respecter les tabous de chaque communauté. Il avait juste oublié un détail : les croyances des uns sont presque toujours les blasphèmes des autres.

*Deux visions de la laïcité
et de la liberté d'expression*

D'après l'approche anglo-saxonne, l'égalité consiste à respecter tous les totems et tous les tabous de chaque communauté pour qu'elles coexistent sans conflits. L'approche laïque à la française croit au droit de les briser tous… Pour pouvoir se parler, se disputer s'il le faut, et se mélanger.
Cette divergence de vues repose sur des siècles de divergences philosophiques et politiques. La France a bâti sa démocratie, son aspiration à l'égalité, sur le fait de séparer l'Etat des Eglises. L'Amérique a été fondée par des puritains rêvant d'une plus grande liberté religieuse. Les totems religieux y sont plus sacrés que d'autres. Quant à l'Angleterre, elle n'est ni une république, ni laïque, mais une monarchie parlementaire liée à une religion d'Etat : l'anglicanisme. Cette religion privilégiée l'incite à manier avec précaution les susceptibilités

d'autres religions, moins privilégiées. Quitte à respecter un interdit religieux qui n'existe pas.

Le Coran n'interdit pas la représentation de Mahomet. Il interdit l'idolâtrie. Précisément ce que font les fanatiques en tuant pour empêcher qu'on désacralise son image. En combattant ce fanatisme obsédé par la représentation de Mahomet, en le désacralisant, *Charlie Hebdo* se montre bien plus fidèle à l'esprit du Coran que les obscurantistes. Quand bien même le Coran interdirait de représenter Mahomet, cet interdit n'est évidemment pas valable pour un journal satirique écrit par des athées dans une démocratie laïque !

D'ailleurs, si le critère retenu est celui de ne pas « offenser », il faudrait retirer de l'espace commun tout ce qui peut froisser. Les dessins qui choquent Al Qaïda mais aussi les films hollywoodiens qui choquent Kim Jong-un. Cela revient à importer les lois des dictateurs et des fanatiques en démocratie. A placer leurs susceptibilités au-dessus de nos lois. L'Amérique a compris cet enjeu au moment des menaces pesant sur le film *The Interview*. Après le recul de Sony, Obama a tenu tête à la Corée du Nord. Mais l'Amérique perd le nord quand il s'agit de religion. Pour une raison qui ne tient pas seulement à son histoire, mais aussi à une vision plus commerciale du journalisme.

En France, le journaliste conçoit son métier comme un devoir : dire sa part de vérité, même si elle est difficile à entendre. C'est un journalisme souvent engagé, plus éditorialisé, plus idéologique aussi, parfois moins rigoureux. Le journalisme anglo-saxon est plus « factuel », plus précis, mais plus clientéliste. Il cherche avant tout à satisfaire ses lecteurs ou téléspectateurs, considérés comme des clients. D'où l'explosion de tabloïds et d'affaires exploitant la vie privée. Extrêmement choquants et jugés indignes du journalisme du point de vue français.

Les médias anglo-saxons qui ont fait la leçon à *Charlie Hebdo* pour sa couverture « offensante » sur Mahomet n'ont eu aucun scrupule à montrer les images du policier abattu par un terroriste juste avant sa mort, sans se demander si elles pouvaient « offenser » sa famille. Le client est roi. Le client veut du sang et des ragots sur la vie privée, pas qu'on insulte sa religion. Comme il y a peu de « clients » nord-coréens vénérant Kim Jong-un aux Etats-Unis, et bien plus de « clients » musulmans vénérant Mahomet, c'est donc Mahomet qu'il faut veiller à ne pas dessiner.

La mondialisation de la censure

Ce ne serait pas si grave, l'affaire des Anglais et des Américains, si ces critères anglo-saxons n'étaient pas devenus les nôtres malgré nous... Puisqu'ils régissent les nouveaux médias mondiaux que sont Facebook ou les plates-formes de partage vidéo comme YouTube. Le fait d'y moquer la religion ou de montrer des seins peut vous valoir d'être bloqué et censuré. Tandis que l'incitation à la haine, elle, ne fait que prospérer.

Sur YouTube, quelques jours après l'attentat de *Charlie Hebdo*, on trouvait facilement des vidéos se réjouissant de l'attentat sur le mode « Je suis Coulibaly ! Je suis Kouachi ! ». Pas sur Dailymotion. Cette plate-forme est aussi mondiale, mais elle est née en France. Ses vigies, une équipe à taille humaine, tentent de traiter tous les signalements, surtout sur un sujet qui les a touchés comme l'attentat contre *Charlie*... Là où YouTube délègue la surveillance de son flux à des opérateurs lointains, souvent des compagnies philippines, débordées et peu réactives.

En théorie, toutes les plates-formes sont censées obéir à la loi des pays où elles émettent et tenir compte des signalements, de plus en plus nombreux au fur et à mesure qu'une véritable culture Internet se développe, plus démocratique et moins anarchique. En pratique, seuls les Etats ou les grandes organisations religieuses américaines arrivent à faire pression sur ces mastodontes que sont YouTube ou Facebook. Résultat, la moindre photo ou vidéo jugée blasphématoire par des ligues d'internautes intégristes est plus souvent « bloquée » que l'incitation à la haine !

Charlie a dû renoncer à avoir une application sur iPad à cause de cette politique bigote. Sur Facebook, ses dessins sur Mahomet ou le pape sont régulièrement dénoncés comme « haineux envers un groupe religieux ». Il en va de même pour une organisation féministe comme Femen qui voit régulièrement les photos de ses actions seins nus censurées si elles ne cachent pas les tétons sur la photo. Facebook censure en effet la nudité, même quand elle est politique et féministe. Pas quand il s'agit de torses d'hommes.

Au même moment, les pages invitant à tuer les apostats ou les blasphémateurs, ou à cogner les journalistes « islamophobes », sont relayées par les réseaux sociaux et rarement retirées en cas de signalement. Les victimes de menaces individuelles sont moins souvent organisées que les ligues de vertu. Tout comme les libertins.

Les choses vont peut-être changer. Une décision de justice pourrait obliger Facebook à tenir compte des lois du pays où il émet. Un citoyen a été autorisé à porter plainte en France contre la censure de *L'Origine du monde* sur ce réseau social et son profil. S'il gagne un jour, on espère plus de liberté d'expression, en matière de blasphème ou de nudité. Reste à contenir l'incitation à la haine.

Daesh, de son côté, pourrait bien avoir sensibilisé Twitter et Facebook à ce risque. Leurs propriétaires ont été nommément menacés par l'organisation terroriste pour avoir supprimé des profils jihadistes. Une preuve que la coopération avec les réseaux sociaux progresse. Elle doit continuer à avancer dans le sens de la protection des données privées, d'une plus grande liberté quand il s'agit de propos blasphématoires, critiques envers les Etats ou de nudité, tout en refusant l'impunité en cas d'incitation au crime ou au terrorisme. Sans quoi, les réseaux sociaux non régulés continueront à favoriser la bigoterie, tout en servant de défouloir à une violence fanatique qui submerge déjà nos réalités.

Le risque de ceder à la violence

L'organe de presse le plus virulent au moment de l'affaire des caricatures, celui qui a le plus déformé notre travail, est sans doute le *New York Times*. Son envoyé s'est montré particulièrement agressif lors de la conférence de presse donnée pour expliquer la « une » de Cabu : un Mahomet effondré par les intégristes. « Allez-vous aussi montrer les dessins iraniens sur la Shoah ? » Philippe Val a répondu en expliquant que nous pouvions tout à fait les montrer pour « dénoncer le négationnisme ». Le *New York Times* avait aussitôt annoncé : « A Paris, la prochaine étape sera peut-être de se moquer de l'Holocauste ! » Le fossé culturel frôle alors la malhonnêteté caractérisée. D'autant que le *New York Times* a fini par montrer ces dessins iraniens sur la Shoah pour les dénoncer... Tout comme il a montré la peinture d'une vierge noire scandalisant la Catholic League[1]. Pourquoi montrer l'objet du scandale quand il s'agit d'un blasphème pour les uns et pas pour les autres ? Le *New York Times* s'interdit toujours

---

1. http://partners.nytimes.com/library/arts/092899ofili-brooklyn-museum.html

de montrer les dessins danois ou la couverture de *Charlie*, même après l'attentat, même pour les critiquer. Le tabou des musulmans serait-il plus sacré que celui des chrétiens ? Ou faut-il en déduire que le *NYT* a tout simplement moins peur de froisser les intégristes chrétiens que les intégristes musulmans ?

Après avoir invoqué le « refus d'offenser les sentiments religieux » pendant des années, certains médias anglo-saxons se sont abrités derrière le principe de « responsabilité », le fait de ne pas provoquer des violences, pour justifier de ne pas montrer la « une » de *Charlie Hebdo* sur l'attentat du 7 janvier. Un niveau rhétorique nettement supérieur.

Cette fois, en effet, la question mérite d'être posée. On a parfaitement le droit de s'interroger sur la pertinence de montrer *Charlie* alors que des furieux promettent de venger (à nouveau) Mahomet dans les rues de Lahore, Grozny et se mettent à attaquer des églises au Niger. Mais comment cette question est-elle posée ? Par des médias qui diffusent en boucle des images de manifestants fous furieux... Qu'ils présentent parfois comme « la » réaction du « monde musulman ». Alors qu'il s'agit de quelques centaines d'excités, manipulés, sur des millions de croyants.

Autocensure à l'anglo-saxonne 143

Ils sont à peine quelques centaines à être descendus dans la rue pour manifester au Pakistan... Ils étaient des centaines de milliers contre Rushdie à la fin des années 1980 ! La seule foule impressionnante concerne Grozny, en Tchétchénie. Une marée descendue sur ordre, celui de Ramzan Kadyrov, un mercenaire mafieux placé à la tête du pays par Moscou. Ses intentions sont transparentes : prétendre défendre l'islam contre *Charlie* pour faire oublier combien la Russie a ravagé le pays et mené des expéditions punitives sanglantes contre tout musulman associé à un terroriste.

Que penser du Niger où des foules commettent des pogroms contre des chrétiens et brûlent des églises pour leur faire payer les dessins d'un journal aussi peu chrétien que *Charlie* ? Peut-on y voir un lien de cause à effet ? Ces mêmes pogroms ont lieu toute l'année, au moindre prétexte, avec ou sans *Charlie*, et continueront après. Est-ce au numéro des « survivants » d'endosser ces morts, ou aux fanatiques du Niger, qui tuent à la moindre occasion ? Est-ce vraiment le délit de blasphème qui est responsable de cette folie ? Ou, tout au contraire, l'absence de raison ? Le fanatisme, favorisé par l'absence de sécularisation ?

Au moment de l'affaire des caricatures, aussi,

il y a eu des morts. Bien plus. Près de deux cents, pour l'essentiel au Nigeria. Un autre pays où l'absence de laïcité rend les identités religieuses meurtrières. L'incendie ne s'est propagé que sur des terrains propices. Aurait-on assisté à une telle surenchère, à des foules marchant vers les ambassades danoises en Syrie et en Iran, si l'Iran et la Syrie n'avaient pas justement deux dossiers sensibles à négocier : le meurtre de l'ancien Premier ministre libanais et le dossier du nucléaire ?

Ces affaires de blasphèmes n'éclatent jamais à cause d'un livre ou d'un dessin, mais toujours à cause d'un contexte géopolitique agité par des manipulateurs. La fatwa contre Rushdie a été opportunément lancée par l'Iran au moment où l'Arabie Saoudite venait de remporter une importante victoire contre les Soviétiques en Afghanistan. Le régime chiite ne voulait pas laisser son vieux rival sunnite triompher et s'est servi du livre d'un écrivain d'origine indienne comme prétexte, pour prendre la tête de l'islam politique en jurant de venger le prophète outragé. Même chose pour la campagne contre *La Dernière Tentation du Christ* de Scorsese, particulièrement virulente en France et qui s'est soldée par un attentat contre un cinéma à Saint-Michel en 1988. La sortie du film est tombée en plein schisme entre Monseigneur Lefebvre, le chef des catholiques traditionalistes, et l'Eglise. En surenchérissant contre le film, les intégristes ont voulu montrer qu'ils pouvaient défendre l'honneur du Christ, mieux que l'Eglise ne saurait le faire. Des extrémistes se sont crus autorisés à aller plus loin, en vengeant le Christ. Comme d'autres extrémistes se sont crus autorisés à venger Mahomet.

N'est-ce pas ce contexte, cette mise en perspective politique, que des journalistes devraient expliquer ? Au lieu de censurer la « une » de *Charlie* pour faire preuve de « responsabilité », en essentialisant les musulmans comme étant incapables de raison et d'humour ?

Cette censure accrédite l'idée que *Charlie* a commis une image interdite et honteuse. Elle donne raison à la colère. Exactement comme au moment de l'affaire des caricatures, où le fait de ne pas avoir montré les dessins danois a contribué à les diaboliser. Serions-nous en danger en France si tous les médias du monde avaient simplement montré cette « une » au lieu d'en faire un tabou ? Au lieu de laisser des journaux comme *Charlie* en première ligne, seuls face au devoir de briser l'autocensure pour défendre la liberté de la presse ?

Certains patrons de presse anglais et

américains pensent que montrer les dessins danois aurait mis de l'huile sur le feu. Ma conviction est que si tous les journaux avaient montré l'objet de la polémique danoise, le tabou serait tombé. Aucun journal en particulier n'aurait pu être ciblé, et mes camarades seraient peut-être en vie. Je ne suis pas la seule à le dire. Beaucoup de journalistes anglais et américains le pensent aussi. Mais leurs directions ont tranché dans le sens de la censure. Non par « responsabilité » mais par peur. Celle de mettre leurs journalistes en danger, celle de voir aussi le coût de leur assurance exploser.

Le seul journal à qui l'on puisse pardonner, paradoxalement, s'appelle le *Jyllands-Posten*. Si *Charlie* a montré ses dessins par solidarité, celui par qui le scandale est arrivé ne lui a pas rendu la pareille après l'attentat du 7 janvier. La couverture de Luz n'a pas été montrée. Par peur de revivre le cauchemar qu'ils ont traversé. Des journalistes sous protection pendant des années. Un dessinateur attaqué à la hache par un jihadiste, chez lui, sous les yeux de sa petite fille... et qui ne doit la vie sauve qu'à la pièce sécurisée où il a pu se réfugier. Comment les blâmer ? Ils ont déjà donné et le courage doit tourner. Ses éditorialistes ont au moins eu l'honnêteté de reconnaître qu'ils se censuraient par peur. C'est une façon d'informer sur l'état de nos libertés face à l'intimidation et à la violence. On ne peut pas en dire autant de médias qui se sont pincé le nez ou ont critiqué *Charlie* pour masquer leur lâcheté.

Elle est d'autant moins pardonnable de la part de journalistes vivant dans des démocraties quand on sait le courage d'autres journalistes vivant dans des pays où les islamistes ont gagné les élections, comme en Turquie.

Le journal libertaire *T24* et le journal républicain *Cumhuriyet*, premier journal d'opposition, ont montré des dessins de *Charlie* par solidarité. Pas forcément la « une », mais c'est déjà prendre un risque, bien réel. Ahmet Sik, un journaliste turc, assume : « Pour moi la religion peut être critiquée. Notre travail c'est de détruire les tabous. » Un sentiment partagé par Mine Kirikkanat : « Nous avons perdu une guerre. Entre la laïcité et l'islamısme Et apparemment la laïcité a perdu. La peur ne servira pas à nous protéger donc il vaut mieux se battre. » Elle rappelle que *Cumhuriyet* est allé beaucoup plus loin que *Charlie* en publiant il y a quelques années un porc voilé pour figurer l'entrée de la Turquie dans l'Europe.

Le courage de ces journalistes, avec qui nous avons tant de valeurs en commun, à commencer par la laïcité, est sans doute le plus bel hommage que l'on puisse rendre à nos camarades tombés pour leurs idées. Charb aurait aimé, lui qui disait avant sa mort : « C'est peut-être un peu pompeux ce que je vais dire, mais je préfère mourir debout que vivre à genoux. »

Autocensure par insécurité

Les journalistes anglo-saxons ne sont pas les seuls à avoir trahi Charb en cédant à l'intimidation. En Europe, le monde de la culture a parfois donné raison aux terroristes. Si beaucoup d'artistes se sont mobilisés, une cascade de spectacles, pièces de théâtre ou expositions ont été déprogrammés les semaines qui ont suivi l'attentat.

En Belgique, le musée Hergé a annulé son exposition-hommage à *Charlie Hebdo*, pour des raisons de « sécurité ». Un char « Charlie », prévu en hommage à la liberté d'expression, a été retiré du carnaval de Cologne. A Paris, une pièce portant sur la lapidation des femmes au Yémen a été retirée de l'affiche. A Clichy-la-Garenne, des escarpins posés sur un tapis de prière – œuvre imaginée par une artiste franco-algérienne pour interroger le rapport de l'islam au féminin – ont été rangés au placard. A cause des émois d'une association musulmane... A Nantes, c'est *L'Apôtre* – un film contant l'histoire d'un jeune musulman converti au catholicisme – qu'on a déprogrammé. Une association catholique craignait que les musulmans n'y voient « une provocation ».

Parfois, les artistes eux-mêmes ont pris peur. Souvent, les directeurs de théâtre ont préféré ne pas prendre de risque. Chacun peut comprendre qu'ils n'aient pas envie de jouer sous escorte policière, mais qu'ils ne théorisent pas leur appréhension. Qu'ils ne nous disent pas que ce n'est pas le moment de « mettre de l'huile sur le feu », qu'il vaut mieux être « responsable » et attendre une période plus calme. Car ce calme ne viendra pas si nous donnons le sentiment de céder.

C'est bien parce que les intégristes menacent que ces pièces et ces expositions ont un sens. Que des artistes de culture arabe ou musulmane doivent pouvoir porter l'épée là où elle fait mal : contre le sacré, contre le tabou, qui produit le fanatisme. La culture est la seule à pouvoir s'y attaquer. Si les artistes renoncent, l'inculture a déjà gagné

Le coût de la liberté

Les démocraties auront-elles les moyens de protéger ceux qui défendent la liberté ?

Cette question n'est pas théorique. Elle se pose très concrètement, surtout après l'attentat de Copenhague contre une conférence sur l'art et le blasphème. A la tribune ce jour-là, le plasticien suédois Lars Vilks, l'ambassadeur de France au Danemark, et Inna Shevchenko[1]. La leader des Femen vient de prendre la parole pour s'émouvoir des « oui mais », lancés contre la liberté d'expression, lorsque des coups de feu retentissent. Un réalisateur qui assistait à la conférence et qui est sorti pour répondre au téléphone est tué. Des policiers sont blessés en ripostant. Ceux qui étaient à l'intérieur de la salle leur doivent la vie. Ne pouvant pas entrer, le terroriste s'est enfui pour chercher d'autres cibles. La traque s'est poursuivie devant une synagogue, où il a abattu un vigile juif, avant de mourir « en martyr ».

On pense que la cible première était le dessinateur Lars Vilks. Sous protection depuis des années, il était sur la même liste d'Al Qaïda

---

1. Caroline Fourest, *Inna*, Grasset, 2014.

que Charb, bien qu'ils aient peu de choses en commun. Pas la même école de pensée, pas le même trait. Vilks est avant tout un plasticien. Lors d'une exposition sur les chiens, il s'est dit qu'il faudrait repousser le tabou et l'autocensure en associant deux symboles antinomiques : l'islam et l'animal qu'il trouve impur.

Ce Mahomet sur un corps de chien, tracé d'une main tremblante sur un bout de papier, n'a guère d'intérêt. Sauf qu'il est courageux, puisqu'il vaut à son auteur de vivre un enfer, entre deux attentats, et de se savoir en sursis. Tout comme l'universitaire Robert Redeker en France qui a dû apprendre à vivre caché pour avoir critiqué le Coran dans une tribune du *Figaro* en 2006. Tant d'autres vivent aujourd'hui entourés de policiers pour pouvoir continuer à respirer et à parler : les journalistes de *Charlie* bien sûr, mais aussi la députée néerlandaise Ayaan Hirsi Ali, Taslima Nasreen, Salman Rushdie, le journaliste Mohamed Sifaoui (qui a enquêté sur des filières jihadistes), l'imam Hassen Chalghoumi, des leaders communautaires juifs, des intellectuels prônant un islam ouvert, des universitaires travaillant sur le conflit israélo-palestinien…

La plupart n'ont jamais dessiné Mahomet.

Ils se sont contentés d'être juifs ou d'écrire sur l'intégrisme. Les critères sont très peu sélectifs pour entrer dans le club des cibles d'Al Qaïda ou Daesh. Sans parler des fous isolés que des vidéos incitent à passer à l'action contre un militaire, un policier, ou un ennemi désigné comme « islamophobe ». La police ne pourra pas arrêter tous les tueurs. Nous savons tous que nous allons perdre d'autres amis, d'autres dessinateurs, d'autres écrivains et même des leaders religieux opposés au fanatisme qu'ils voudront faire taire. Faut-il pour autant se taire ? Ils trouveront d'autres cibles.

D'une certaine façon, les tueurs ont déjà gagné ceci : il n'est plus possible de tenir une simple conférence, ou même un débat contradictoire, sur la liberté d'expression et *Charlie* en Europe, ou même aux Etats-Unis, sans une protection policière digne d'un film de guerre. Ces dispositifs coûtent cher. Il faut parfois 20 000 dollars pour protéger une personnalité de *Charlie* donnant une conférence dans une université américaine. En France et dans la plupart des pays d'Europe, ces mesures de protection sont prises en charge par l'Etat, garant de l'ordre public et de nos libertés. En Angleterre, à l'occasion de conférences, j'ai découvert que la police pouvait envoyer la note aux organisateurs. La démocratie, oui, mais pour ceux qui en ont les moyens.

Ainsi, après avoir vendu certaines chaires de l'université d'Oxford au Qatar, censuré les couvertures de *Charlie* dans leurs médias et offert tant de tribunes gratuites aux plus totalitaires dans leurs médias, les pays anglo-saxons vont peut-être aussi devoir renoncer à organiser des débats sur la liberté d'expression dans leurs universités… parce qu'ils coûtent trop chers. Beau monde qui se prépare. Les intégristes vont se régaler et l'esprit Charlie sera réduit au silence. Les considérations financières et l'éthique dite de « responsabilité » l'auront achevé.

Le blasphème n'est pas la haine

Au lieu de défendre la liberté d'expression tout en combattant le racisme, des voix qui portent ont cru bon de semer un peu plus la confusion : en mettant sur le même plan le blasphème et l'incitation à la haine. En reprochant aux médias français de soutenir la liberté d'expression de *Charlie* mais pas assez celle de l'antisémite Dieudonné, mis en garde à vue pour « apologie du terrorisme » après son « Je me sens Charlie Coulibaly ».

C'est le sens d'un sketch très « french bashing » de Jon Stewart dans le *Daily Show*. Le célèbre animateur n'a certainement aucune sympathie pour les idées de Dieudonné. Il renvoie pourtant dos à dos, dans une forme d'équivalence, le devoir de soutenir sa liberté d'expression avec celui de soutenir *Charlie Hebdo*. Encore un dommage collatéral des incompréhensions culturelles en matière de liberté d'expression.

Aux Etats-Unis, à peu près tout est permis au nom du premier amendement de la Constitution. Ce sont les multinationales, les intérêts financiers et les puissantes ligues religieuses qui se chargent de la censure Or ils censurent en priorité ce qui porte atteinte au sacré.

En France, la loi interdit l'apologie du terrorisme, l'incitation à la haine en raison « du sexe, de l'orientation sexuelle, de la religion ou de l'origine, vraie ou supposée », ou le fait de tenir des discours haineux niant la Shoah. Mais elle n'interdit plus le blasphème depuis la Révolution française.

D'après Guillaume Doizy, spécialiste de l'histoire de la caricature, la satire anticléricale a redoublé après l'affaire Dreyfus ; notamment parce que « l'Eglise est alors plus facile à critiquer que l'armée[1] ». Depuis, ces deux combats, contre l'antisémitisme et le cléricalisme, sont intimement liés. Les caricaturistes du début du vingtième siècle s'en sont donné à cœur joie pour reprocher à l'Eglise sa cupidité, son attrait pour l'argent, le goût des curés pour les jeunes

---

1. Voir son site (très bien fait) sur cette histoire de la caricature : http://www.caricaturesetcaricature.com

enfants, notamment dans le cadre de « bibles satiriques ». L'enjeu n'est pas qu'expiatoire. La désacralisation vise à négocier un nouveau rapport de force permettant la laïcité : la loi de 1905 que l'Eglise combat. Elle ira jusqu'à excommunier les députés qui l'ont votée.

Dès cette époque, un peu comme *Charlie Hebdo* aujourd'hui avec Mahomet, les caricaturistes prennent souvent le parti de dessiner un Jésus plutôt sympathique, défenseur des pauvres, qu'ils mettent de leur côté pour l'opposer à l'Eglise et ses curés (dévoyés). Bien plus rares sont les caricatures à proprement parler antireligieuses, celles qui s'en prennent à la figure de Jésus ou de Mahomet, mais elles existent. *L'Assiette au beurre*, une revue qui publiait des dessinateurs de tous bords, aussi bien d'extrême droite que d'extrême gauche, a consacré un numéro spécial aux religions en mai 1904. Chacune est illustrée. Une page sur l'islam montre un Mahomet en chef de guerre, plutôt sanglant. Dans un autre numéro, le célèbre dessinateur ouvriériste Grandjouan représente un ouvrier qui donne un coup de pied à Jésus.

Même féroce, cette caricature, anticléricale ou antireligieuse, est le fruit d'une histoire qui vise l'émancipation, et non la discrimination. Il faut être particulièrement mal intentionné pour confondre ces dessins anticléricaux, destinés à moquer l'Eglise, avec les caricatures antisémites, racistes, montrant des Juifs au nez crochu de la même époque. C'est un peu comme confondre la gauche et l'extrême droite dans les années 1930... Assez inquiétant.

Cette confusion règne pourtant chez ceux qui mettent sur le même plan Dieudonné et *Charlie Hebdo*. Il y en a même qui se demandent si Dieudonné ne serait pas plus victime que *Charlie*... Simplement parce qu'on lui demande de respecter les lois antiracistes. La loi Pléven de 1972 sanctionnant l'incitation à la haine, celle refusant l'« apologie du terrorisme » et celle de 1990 sanctionnant la propagande négationniste. Non pas que le débat sur l'histoire soit interdit, mais parce que dans un pays qui a connu la déportation et la collaboration, il n'est pas toléré de nier l'extermination en vue d'inciter à une haine pouvant reproduire ces crimes. Incompréhensibles du point de vue anglo-saxon, ces lois donnent lieu à de très rares condamnations. Personne ne prétend qu'elles peuvent tout résoudre ni se substituer au débat. Dans un monde ensauvagé par des propos haineux, qui nous submergent par tous les canaux du Web, elles ambitionnent simplement de

Le blasphème n'est pas la haine

poser quelques bornes, pour débattre de toutes les idées, de tous les symboles et de toutes les croyances, à condition de ne pas inciter à la discrimination, à la violence, au meurtre et à l'extermination. Une finesse que Dieudonné et ses partisans ne veulent pas comprendre. Et pour cause.

*« Deux poids,
deux mesures », vraiment ?*

Faut-il rappeler que lorsque Dieudonné était humoriste et riait de toutes les religions, dont le judaïsme, personne ne songeait à le condamner ? A l'époque, il était drôle et adoré. Mais ce Dieudonné n'existe plus. L'humoriste qui avait tant de succès quand il faisait rire contre le racisme a cédé la place à un propagandiste qui choisit de rire de façon raciste. Son « Je me sens Charlie Coulibaly » vient après des dizaines et des dizaines de propos rances, douteux et haineux, qui lui ont valu d'être plusieurs fois condamné par des associations antiracistes comme la LICRA (la Ligue internationale contre la racisme et l'antisémitisme) ou SOS Racisme.

Un jour, il traite les Juifs – et non le

judaïsme – d'« escroquerie ». Un autre, il accuse les Juifs d'être responsables de la traite négrière. Un autre, il compare la commémoration de la Shoah à une forme de « pornographie mémorielle ». Un autre encore, il fait monter sur scène un écrivain négationniste, Robert Faurisson, pour lui faire remettre un prix par un assistant déguisé en déporté. Un autre, il met en ligne cette vidéo où il fait dire à son fils : « Papa, le Père Noël, il existe pas... » pour lui répondre de façon ironique : « Ah bon, et les chambres à gaz ? » Lors d'un spectacle, il regrette qu'un journaliste, Patrick Cohen, n'ait pas été exterminé : « Moi, tu vois, quand je l'entends parler, Patrick Cohen, je me dis, tu vois, les chambres à gaz... dommage. »

Accessoirement, il fait aussi souvent lever le bras à des salles entières contre les journalistes qui lui déplaisent. Une salle de « quenelles ». Sa spécialité. Un salut nazi en semi-érection, pas assez bandé pour assumer, juste assez pour servir de signe de ralliement à ceux qui veulent « enculer » le « système »... Que Dieudonné décrit comme tenu par les homosexuels, les francs-maçons et les Juifs.

Comment s'étonner qu'avec un tel « sens de l'humour », Dieudonné ait fini par être condamné au titre des lois antiracistes ? Eric

Le blasphème n'est pas la haine   161

Zemmour l'est aussi lorsqu'il dit sur un plateau : « Les Français issus de l'immigration sont plus contrôlés que les autres parce que la plupart des trafiquants sont noirs et arabes.. C'est un fait. » Pourtant, lorsque Eric Zemmour est condamné, les partisans de Dieudonné se réjouissent. Lorsque Dieudonné est condamné, ils crient au « deux poids, deux mesures ». L'un des credo victimaires les plus dangereux de notre époque.

Les universalistes cherchent à unir toutes les victimes de discriminations contre la haine. Les communautaristes cherchent à les monter les unes contre les autres. C'est ce que fait Dieudonné en expliquant à qui veut l'entendre que soutenir le droit de dessiner Mahomet (défendre le blasphème) tout en refusant le racisme anti-Juifs relève du « deux poids, deux mesures ». Ou lorsqu'il met en concurrence la commémoration de la Shoah et celle de l'esclavage. Alors qu'il a fallu cinquante ans avant que la France ne daigne écouter la parole des survivants juifs, déportés vers des camps d'extermination nazis avec l'aide de la France, leur parole est jugée trop forte, trop présente. Alors que la France rattrape son retard en matière de commémoration de l'esclavage, qu'elle est saluée par une journée nationale le 10 mai, entretenue par un

Comité national pour la mémoire et l'histoire de l'esclavage rattaché au ministère des Outre-Mer, ce n'est jamais assez. Tant qu'on parle aussi de l'antisémitisme.

Ces deux crimes contre l'humanité n'ont ni la même temporalité, ni la même actualité. L'esclavage n'existe plus en France, mais dans quelques pays arabes. En revanche, le racisme anti-Noirs persiste et mérite d'être combattu vigoureusement. Mais ce n'est pas ce que fait Dieudonné. Au lieu de fédérer contre le racisme, il divise ses victimes et leur somme de choisir entre les Noirs et les Juifs. A un moment où l'antisémitisme est de retour, où l on tue de nouveau des Juifs en France. Ces crimes trahissent bien plus que la persistance d'un imaginaire discriminatoire... Ils signent le renouveau d'une Internationale totalitaire. Il est donc logique de s'en inquiéter. Ce qui n'interdit nullement de combattre tous les racismes par ailleurs. Pourtant, lorsqu'on s'inquiète du retour de l'antisémitisme et du totalitarisme qui l'accompagne, les partisans de Dieudonné vous accusent d'« indignation sélective ». Comme s'il fallait choisir entre combattre le racisme anti-Noirs, le racisme anti-musulmans et le racisme anti-Juifs.

Dieudonné a choisi... d'être aux côtés des

Le blasphème n'est pas la haine 163

totalitaires et des racistes. C'est en Iran qu'il a trouvé les fonds pour financer la liste antisioniste qu'il a présentée aux européennes de 2009. Il faut le voir poser devant la photo de Khomeini lors de ses nombreux voyages. Pendant qu'Ahmadinejad réprime le Mouvement vert dans le sang, Dieudonné le rencontre et obtient un chèque pour financer son prochain film. Il devait porter sur l'esclavage. Ce sera finalement une superproduction homophobe et violemment antisémite sous couvert de second degré : *L'Antisémite*. Dans un passage, Dieudonné (déguisé en nazi) conduit un camion avec Faurisson pour écraser ensemble un personnage nommé la « Sainte Shoah ». Dans un autre, une comédienne censée être juive dit à son nourrisson de bien s'entraîner à crier, au moment de sa circoncision, pour faire carrière.

Dieudonné ne se moque pas seulement de la religion juive. Il nie la Shoah et s'identifie à l'assassin d'une policière noire et des clients de l'Hyper Cacher. Au point de fonder un parti avec un polémiste d'extrême droite se définissant comme « national-socialiste », Alain Soral, pour entretenir leur fonds de commerce commun. Ses vrais fans ne s'y trompent pas et se prennent en photo faisant des « quenelles » devant l'école juive de Toulouse. Celle où Mohammed Merah a attrapé une petite fille juive par les cheveux pour lui tirer une balle dans la tête. Alain Soral lui-même est poursuivi pour avoir fait une « quenelle » devant le mémorial de la Shoah à Berlin, et Dieudonné le défend. A part ça, certains se demandent pourquoi il est moins aimé et soutenu que *Charlie Hebdo*... La différence de traitement est pourtant logique : *Charlie* rit *des* terroristes, Dieudonné rit *avec* les terroristes.

L'« affaire Siné »

Ceux qui aiment taper sur les Juifs mais pas sur la religion musulmane nous expliquent souvent que *Charlie* se serait rendu coupable de « deux poids, deux mesures »... La fameuse « affaire Siné », si mal expliquée.

La première fois que j'ai eu affaire avec ce chroniqueur-dessinateur, c'était en 1997. Fiammetta Venner écrivait déjà pour *Charlie*. L'une des très rares pigistes femmes de cette rédaction, essentiellement masculine. Nous sommes tombées sur la colonne du fameux Siné sur l'Europride, la marche européenne des fiertés gays, bis et trans, qui se tenait à Paris cette année-là. Siné lui consacrait une chronique pleine de dégoût : « Loin d'être un

Le blasphème n'est pas la haine 165

empêcheur d'enculer en rond, je dois avouer que les gousses et les fiottes qui clament à tue-tête leur fierté d'en être me hérissent un peu les poils du cul... *Libé* nous révèle leurs chanteuses favorites : Madonna, Sheila et Dalida... On ne peut que tirer la chasse devant un tel goût de chiottes probablement dû au fait que c'est l'un de leur lieu de plaisir préféré. » J'ai l'habitude de lire la presse d'extrême droite. J'ai rarement lu un tel degré de mépris homophobe. Ce jour-là, Fiammetta est remontée à la rédaction pour donner sa démission à Philippe Val.

Quand nous sommes revenues, quelques années plus tard, la rédaction s'était féminisée et la plupart des dessinateurs se disaient volontiers féministes. Il y avait bien encore quelques dessins scabreux sur l'homosexualité pouvant me froisser, mais rien de haineux ni d'inacceptable. J'accepte qu'on se moque de l'homosexualité comme j'aimerais que certains musulmans acceptent qu'on puisse moquer l'islam, tant qu'il ne s'agit pas d'inciter à la haine. En revanche, je n'ai plus jamais lu la chronique de Siné, cet îlot de beauferie rance. Jusqu'au jour où Philippe Val s'est décidé à lui indiquer la porte, pour une chronique de trop.

Que dit la chronique de Siné à l'origine de son départ ? Peu l'ont lu puisqu'elle n'est pas disponible sur Internet et que le principal intéressé s'est bien gardé de la faire connaître dans son intégralité. Elle commence par dénoncer le « lynchage » de Denis Robert par Philippe Val, par dire qu'il s'autocensure pour dire tout le mal qu'il pense de celui qui l'emploie, puis en vient au procès que vient de gagner Jean Sarkozy après un incident de scooter : « Jean Sarkozy, digne fils de son paternel et déjà conseiller général de l'UMP, est sorti presque sous les applaudissements de son procès en correctionnelle pour délit de fuite en scooter. Le Parquet a même demandé sa relaxe ! Il faut dire que le plaignant est arabe ! »

En serait-il autrement contre un Juif ? C'est ce que l'on peut comprendre en lisant la ligne d'après : « Ce n'est pas tout : il vient de déclarer vouloir se convertir au judaïsme avant d'épouser sa fiancée, juive, et héritière des fondateurs de Darty. Il fera du chemin dans la vie, ce petit ! » Mais ce n'est pas fini. Le dernier paragraphe ironise contre un éditorial de *L'Express* : « Islam : cette religion doit abjurer les archaïsmes les plus flagrants de son dogme ». Voilà qui ne devrait pas choquer un bouffeur de religion comme Siné. Sauf qu'il se demande si Christophe Barbier « aurait le même culot » envers les Juifs et finit, comme souvent, par tout ramener à ses envies sexuelles comparatives : « Moi, honnêtement, entre une musulmane en tchador et une juive rasée, mon choix est fait[1] ! »

Rien ne manque à ce tissu de beauferie. Ni le racisme ni le sexisme, ni les clichés antisémites, ni le risque de porter atteinte à la vie privée. Cette fois, le journal risquait gros. Un vrai procès pour incitation à la haine, que nous pouvions perdre. Et pour défendre quelle chronique ! D'autant que Siné a déjà été poursuivi pour antisémitisme. Pour cette diatribe commise sur les ondes de la radio Carbone 14, juste après l'attentat de la rue des Rosiers : « Je suis antisémite et je n'ai plus peur de l'avouer, je vais faire dorénavant des croix gammées sur tous les murs... je veux que chaque juif vive dans la peur, sauf s'il est pro-palestinien. Qu'ils meurent ! »

Philippe Val n'a pas censuré la chronique de Siné. Il lui a demandé de s'excuser et de rectifier dans sa colonne la semaine d'après. Ce que le chroniqueur s'est engagé à faire avant de revenir sur sa parole. Son employeur a mis fin à leur collaboration, comme n'importe quel directeur de publication l'aurait fait. Pourquoi tant de bruit ? Comment se fait-il que Siné ait

---

1. 2 juillet 2008.

eu soudain une aureole de martyr et tant d'amis prêts à lire un journal lancé pour concurrencer *Charlie*, *Siné Hebdo*, où il dit se sentir débander en voyant des femmes en niqab et se revendique « mahométanophobe[1] » sans que personne ne trouve rien à y redire ?

Ces gens-là ne sont pas montés au créneau lorsque *Charlie Hebdo* s'est séparé d'un autre chroniqueur, le philosophe Robert Misrahi, qui venait de glorifier le livre d'Oriana Fallaci, *La Rage et l'Orgueil*. L'auteur trouvait plutôt courageux ce brûlot écrit juste après le 11 Septembre, par une journaliste expérimentée, connue pour avoir pris le maquis contre Mussolini et couvert la révolution islamique, mais qui, avec l'âge et dans sa rage, est passée d'une critique féroce de l'islam à des phrases franchement odieuses sur les Arabes et les musulmans[2]. La rédaction, alors dirigée par Philippe Val, lui demande de s'excuser et de nuancer son propos. Il refuse et ne fait plus partie de *Charlie*, comme Siné.

Pourquoi ne retenir qu'un licenciement et pas l'autre ? *Charlie* n'a jamais cessé de taper sur le gouvernement nationaliste israélien, avant

---

1. *Siné Mensuel*, Mini zone du 5 juin 2013.
2. « Les fils d'Allah, au contraire, se multiplient comme les rats. Il y a du louche dans cette affaire. » Oriana Fallaci, *La Rage et l'Orgueil*, Plon, 2002, p. 146.

et après le renvoi de Siné. Tignous était militant pro-palestinien. Charb aussi. Quelques mois avant d'être tué par les frères Kouachi, il dessinait des enfants tués par des bombardements dans une école de Gaza. Cela n'a pas empêché les tenants du « deux poids, deux mesures » de le dépeindre en « pro-israélien ». Un caricaturiste du Web l'a même dessiné en terroriste pro-israélien, avec une ceinture d'explosifs faite de journaux portant une étoile de David.

Disons-le franchement. Ceux qui soutiennent Siné contre *Charlie* ne sont pas le moins du monde guidés par le souci d'égalité de traitement. Bien au contraire. Ils veulent un monde où l'on puisse rire des fanatiques, sauf quand ils sont musulmans, tout en pratiquant le racisme envers les Juifs.

Rire de la Shoah ?

Après l'attentat du 7 janvier, en réponse à la couverture montrant un Mahomet tenant une pancarte « Je suis *Charlie* », l'Iran a pris une drôle d'initiative, déjà eue au moment de l'affaire des caricatures : organiser un concours de dessins sur la Shoah.

Il ne s'agit pas de dénoncer le fait de

représenter un Mahomet puisque c'est autorisé en Iran, mais bien d'entonner le « deux poids, deux mesures » sur le mode : l'Europe moque l'islam mais ne supporte pas qu'on moque les Juifs. Comment ? En moquant l'extermination de six millions de Juifs dans les années 1940. Etrange mais symptomatique. Sans surprise, l'un des participants au concours de 2006 est Konk, qui dessine dans l'un des plus vieux journaux antisémites de France, *Rivarol*. Son croquis montre une maquette en forme d'usine intitulée « Mythe des chambres à gaz ». Elle est renversée. Un homme demande : « Qui l'a mise à terre ? » Un autre répond : « Faurisson. »

Voilà la teneur et l'horreur d'un concours de dessins visant à nier l'extermination de six millions d'êtres pour justifier, non pas la critique de la politique d'Israël, mais bien la haine antisémite. Il est à l'image du régime iranien et d'autres dictatures, où la caricature est interdite, sauf quand elle est raciste envers les Juifs... Et pourtant, certains tombent dans le piège en mettant sur le même plan « rire de Mahomet » et « rire de la Shoah ». Après l'affaire des caricatures, croyant bien faire, le dessinateur Plantu a proposé une « trêve des blasphèmes » : que les dessinateurs européens cessent de dessiner Mahomet et que les Iraniens cessent de caricaturer la Shoah[1] ! Terrible équivalence.

Il n'existe aucune continuite entre « rire de la violence » et rire « avec la violence ». On peut rire à propos de l'esclavage, de la Shoah ou de la colonisation, s'il s'agit de sourire pour en souligner l'horreur et le racisme. S'il s'agit d'en rire pour relativiser voire nier cette violence, comme dans le cas iranien, c'est monstrueux. Le seul fait de renvoyer dos à dos les deux démarches, celle visant à dénoncer la haine et celle visant à la promouvoir, témoigne d'une confusion ahurissante. Il faut au contraire promouvoir le droit de rire de la violence, tout en appelant les violents à déposer les armes. Se battre pour que l'interdit de « l'incitation à la haine » remplace « l'interdit du blasphème ». Ce jour-là, les pays musulmans seront plus épanouis et nous serons enfin libres de rire et de dessiner sans risquer d'être tués.

---

1. Débat à Genève, mars 2007. Repris par SaphirNews le 19 mars 2007.

Vive le modèle pakistanais ?

En comparant le blasphème au fait de dire du « mal » de sa mère, tout en justifiant le fait d'y répondre par un coup de poing, le pape n'a pas seulement encouragé la violence envers les dessinateurs de *Charlie*. Il a aussi giflé Asia Bibi, cette jeune Pakistanaise enfermée depuis six ans pour « blasphème »... parce que chrétienne. Après une dispute autour d'un puits, cette paysanne s'est vu arrêter sur dénonciation de voisines musulmanes. Elles l'accusent d'avoir offensé leur religion lors d'une conversation ayant porté sur la crucifixion de Jésus et les droits des femmes.

Au Pakistan, l'accusation de blasphème sert surtout à régler des comptes entre voisins et à discriminer les minorités religieuses. Un jour, c'est un chrétien qui est allé en prison après une dispute avec ses voisins sur la religion lors d'une soirée très arrosée. 3 000 intégristes musulmans ont brûlé une centaine de maisons chrétiennes à Lahore pour venger les « offensés », des musulmans ivres. Un autre, c'est une jeune chrétienne de quatorze ans, handicapée mentale, qui est arrêtée parce qu'un imam l'accuse d'avoir brûlé des feuilles contenant des

Le blasphème n'est pas la haine 173

versets du Coran.. Elle est finalement relâchée. On soupçonne l'imam d'avoir tout inventé pour pouvoir chasser les chrétiens de son quartier.

Puisque la loi reconnaît tout propos libre en matière de foi comme un crime contre le sacré, les Pakistanais s'autorisent assez souvent à faire justice eux-mêmes. En novembre 2014 une foule a lynché un couple de chrétiens à 60 kilomètres de Lahore, avant de brûler leurs corps dans un four.

Le sort d'Asia Bibi a ému la communauté internationale et de nombreux laïques se sont mobilisés, mais des dizaines d'autres accusés (chrétiens, hindous, ahmadis ou chiites) croupissent en prison à cause de cette loi contre le « blasphème », calquée sur une vieille loi britannique. Elle existe aussi au Bangladesh, où elle avait disparu, jusqu'à ce que la dictature militaire la rétablisse, en 1986, pour asseoir son autorité. Depuis, les athées vivent l'enfer. C'est à cause de cette loi et des menaces que Taslima Nasreen a dû quitter le Bangladesh en 1994, après avoir donné une interview sur le Coran[1]. Elle a trouvé refuge en Inde, pays ennemi et voisin. Une grande démocratie laïque, où

---

1. Taslima Nasreen, Caroline Fourest, *Libres de le dire*, Flammarion, 2010.

l'« atteinte volontaire aux sentiments religieux » est pourtant réprimée et lui vaut régulièrement d'être poursuivie en justice par des intégristes. C'est en son nom que Shireen Dalvi, la responsable d'un journal en ourdou, *Avadhnama*, a été arrêtée pour avoir montré les dessins de *Charlie*, qu'elle souhaitait soumettre au débat. Depuis, elle reçoit des menaces de mort. Taslima Nasreen, elle, vit sous protection depuis plus de vingt ans. Une liberté sous condition, pour éviter d'être assassinée au Bangladesh, son pays d'origine.

Là-bas, les fanatiques s'autorisent régulièrement à tuer des blogueurs et des auteurs athées. Comme Avijit Roy, quelques semaines après la tuerie de *Charlie*. Réfugié aux Etats-Unis depuis longtemps, il est venu passer quelques jours dans son pays d'origine pour la promotion de son dernier livre lorsqu'il s'est retrouvé encerclé par une meute d'intégristes, qui l'ont battu à mort sous les yeux de sa femme, également blessée. Des Bengalis laïques lui ont rendu hommage avec des bougies et des fleurs. En 2013, des milliers d'entre eux ont manifesté place Shahbag à Dacca (la capitale du Bangladesh) contre les islamistes, responsables d'exactions terribles au moment où le Bangladesh arrachait son indépendance au Pakistan, avec qui il partage la même religion mais pas la même langue. La même terreur règne des deux côtés de cette nouvelle frontière à cause de la loi contre le blasphème, que condamnent les élites, sans qu'aucun pouvoir n'ose la supprimer.

Au Pakistan, le seul gouverneur à avoir osé déposer une proposition de loi dans ce sens, Salman Taseer, a été tué par son garde du corps le 4 janvier 2011. Comment s'étonner qu'un tel pays puisse accoucher d'un lanceur de fatwas comme Ghulam Ahmad Bilour ? Ancien ministre des chemins de fer et responsable d'un parti politique, il a promis 200 000 dollars à qui tuerait Riss, le nouveau patron de *Charlie Hebdo*, quelques jours après le massacre et la sortie du numéro des « survivants » : « J'avais déjà déclaré que je ne tolère aucune attaque sur la sainteté du Saint Prophète[1]. » En effet, il a déjà promis une prime à celui qui tuerait l'auteur d'une vidéo imbécile sur Mahomet : *L'Innocence des musulmans*… Grand seigneur, il a aussi prévu de « récompenser » la famille des Kouachi ou des Coulibaly pour leurs bons et loyaux services. Fort heureusement, le moindre individu qui toucherait cette « prime » serait

---

1. *20 minutes*, 3 février 2015.

immédiatement inculpé pour complicité de terrorisme, mais l'appétit du gain redouble le danger. Tout juste sorti de l'hôpital, Riss est désormais protégé par le RAID. L'auteur de ces menaces, lui, poursuit tranquillement sa carrière politique au Pakistan, où il n'a pas été arrêté ni même tellement critiqué. Les Pakistanais ont l'habitude de ce genre de déclarations.

Concours de fanatiques

L'imbécillité obscurantiste n'est pas réservée aux seuls intégristes musulmans. Ne serait-ce qu'au cours des derniers mois, plus de 151 condamnations pour blasphème ont été prononcées en dehors de l'Islam. A Malte, rien qu'en 2012, on a recensé 99 poursuites pour blasphème public.

Les intégristes chrétiens n'ont pas attendu les bons conseils du pape François pour pratiquer le « coup de poing » contre les blasphémateurs. Pour dégonfler une statue rappelant un plug anal place Vendôme. Pour menacer et même vandaliser ceux qui exposent l'œuvre d'un artiste chrétien américain dédié à la crucifixion à partir de son sang et de son urine, *Piss Christ*. Pour menacer et harceler le Théâtre du Rond-Point, ainsi que son directeur, parce qu'il a programmé une pièce critiquant Jésus Christ : *Golgota picnic*. En France, terre laïque, le spectacle a pu avoir lieu sous protection. En Pologne, terre catholique, il est interdit.

Les pays orthodoxes ont plus généralement renoué avec la chasse aux blasphémateurs. Un délit qui n'existait pas sous le communisme. Tournée vers une vision impérialiste, homophobe et brutale de la religion, la Russie et son patriarche Kirill mènent la fronde. Plus viril encore que le pape, il a comparé la prière punk des Pussy Riot à « un crime pire qu'un meurtre ». Verdict ? Sept ans de camp, finalement ramené à deux après une campagne internationale. Cette sévérité ne frappe pas seulement la Russie, mais s'étend aux pays plus au sud sous influence orthodoxe, comme la Grèce. En septembre 2012, un internaute a été condamné à dix mois de prison pour avoir caricaturé un moine sur sa page Facebook.

Les hindous ne se font pas prier, eux non plus, pour faire la chasse aux blasphémateurs. A Bangalore, une exposition a dû retirer des tableaux qui déplaisaient aux religieux. En Birmanie, c'est armés de bâtons que des moines bouddhistes ont massacré la minorité musulmane rohingya. Le moindre incident jugé « blasphématoire » sert de prétexte pour déclencher les hostilités. Comme ce jour où une Birmane musulmane bouscule un enfant moine par accident. Bilan : une émeute et des centaines de musulmans roués de coups. Toujours à Rangoun, un propriétaire de bar risque deux ans de prison pour avoir posté sur Facebook une publicité représentant Bouddha avec des écouteurs. En principe, toutes les religions sont censées être protégées par la loi birmane sur le blasphème, mais la loi reconnaît aussi « une position spéciale au bouddhisme en tant que foi d'une grande majorité de citoyens ».

Dans tous les pays où l'Etat n'est pas séparé de la religion, les citoyens athées et les minorités religieuses sont au mieux des citoyens de second rang, au pire persécutés.

L'ONU et la « diffamation des religions »

La guerre des modèles, antiraciste ou antiblasphème, fait rage aux Nations unies. Les partisans d'une démocratie laïque sont largement minoritaires, au moins en nombre. Les pays les plus religieux en profitent pour tenter de pousser un cheval de Troie visant à rétablir le délit de blasphème : le concept de « diffamation des religions ».

Promu par l'Organisation de la coopération islamique, il revient régulièrement au cœur des bras de fer et des débats au Conseil des droits de l'homme de Genève grâce au soutien de la Russie, de la Chine et de certains pays d'Amérique latine. Trop heureux de faire la morale aux pays démocratiques.

Aidée par les États-Unis et le Canada, l'Union européenne refuse de l'employer et demande que l'ONU dénonce plutôt l'incitation à la haine « en raison de sa religion ». Ce qui aurait le mérite de protéger les minorités religieuses, la liberté de conscience et la liberté d'expression. Jusqu'à quand ?

Bien peu de pays européens ont aboli leur propre délit de blasphème. La France ne l'a pas encore fait en Alsace-Moselle, où il perdure grâce au Concordat. Ailleurs, de nombreux pays ont conservé des résidus de « diffamation des religions » dans leur droit. Au Québec, il est toujours inscrit dans la loi, et en vieux français, qu'il est interdit de publier un libelle « contredisant un dogme religieux ». En tout, 94 pays sur 198 possèdent une loi punissant le blasphème, sous différents termes comme « apostasie », « injure » ou « diffamation des religions ». Y compris des pays socialisants touchés par le regain de fièvre religieuse comme le Brésil, le Chili, le Salvador ou le Venezuela. Vingt pays prévoient encore la peine de mort pour ce « délit ».

Si, pour achever le tout, les Etats-Unis décident de pratiquer l'autocensure bigote et l'Europe de succomber aux confusions du mot « islamophobie », il ne faut pas s'étonner d'avoir le sentiment de vivre dans un monde qui s'éteint sous le poids des obscurantistes.

Conclusion

Les contrées réellement démocratiques et laïques sont des îlots, submergés par des identités religieuses étouffantes et souvent meurtrières. La démocratie laïque reste pourtant notre avenir.

Le trajet des peuples ne trompe pas. Au temps de la guerre froide, des êtres prenaient tous les risques pour franchir des murs de barbelés, et passer de l'Est à l'Ouest. De nos jours, ce mur sépare les dictatures religieuses des démocraties laïques. Seuls des fanatiques rêvent de vivre sous le drapeau de l'Etat islamique. Des millions d'autres sont prêts à tout pour nager vers la liberté, et même à se noyer, pour vivre dans des démocraties sécularisées. Ailleurs, dans les pays religieux, le taux de natalité s'effondre. Partout le modèle familial s'égalitarise. Les femmes font moins d'enfants et rêvent d'émancipation, même quand elles portent le voile. A terme, les obscurantistes ont perdu.

A moins de nous trahir. De régresser là où la démocratie et la sécularisation ont le plus avancé. En cédant à l'autocensure et au procès d'intention en « islamophobie », au lieu de faire face ensemble au racisme et à l'intégrisme. En cédant à la peur et au repli nationaliste. Au lieu de défendre, ensemble, la laïcité.

Menacés par les fanatiques, censurés par les lâches, les esprits libres de tous les continents n'en finissent plus de se battre, sur tous les fronts, pour maintenir un monde éclairé. La bougie qui les guide s'appelle le droit au blasphème.

Personne n'est forcé d'aimer le ton des blasphémateurs. Moi-même, il m'arrive d'en trouver certains grossiers, de ne pas m'identifier à leur façon de dire ou de dessiner. Ce n'est pas le sujet. Leur excès de liberté est un test pour toutes nos libertés, notre capacité à se parler et à se mélanger sans se renier. Ce droit est menacé. Il doit être défendu sans faiblir.

A ceux qui n'aiment pas les blasphèmes, redisons que personne ne les oblige à les aimer. Ni à acheter *Charlie Hebdo*, ni à dessiner Mahomet, ni à aller voir des expositions

Conclusion

ou des pièces de théâtre moquant Jésus. Mais qu'ils n'interdisent pas aux autres de penser librement et rejoignent clairement le camp de la liberté de conscience.

Qu'ils passent du « oui mais » au « mais oui ». De « Je suis triste pour *Charlie Hebdo* mais ils n'auraient pas dû dessiner Mahomet » à « Je ne suis pas d'accord avec ce que vous dites, mais je me battrai pour que vous ayez le droit de le dire (tant que vous n'incitez pas à la violence et à la discrimination) ».

Ce n'est pas pour rien si cette citation apocryphe, légèrement modifiée et faussement attribuée à Voltaire, est si souvent citée. A condition de ne pas confondre liberté d'expression et défouloir, ce refus de l'intimidation représente le plus grand défi de notre génération. Mondialisée, ultra-connectée, confrontée à un débat d'idées planétaire instantané entre internautes de cultures, de religions et de temporalités différentes. Les règles que nous sommes en train d'établir sont décisives pour savoir si nous allons vivre dans un monde ensauvagé, terrorisé ou au contraire émancipé.

Que chacun en soit bien conscient. Le « oui mais » conduit à une société où le sacré redevient tabou, où les croyants sont privilégiés par rapport aux non-croyants, où les religions majoritaires passent avant les religions minoritaires, où l'intimidation et la violence ont gagné.

Le « mais oui » dessine un monde où l'on continue à se parler malgré nos disputes, où les croyants et les non-croyants sont à égalité, où toutes les religions s'expriment sans privilèges, où l'on peut rire de ce qui nous fait peur et donc tenir tête, ensemble, aux plus violents.

Il n'existe pas d'autre choix. Ce sera le courage ou la lâcheté. Ceux qui pensent que la lâcheté permet d'éviter la guerre se trompent. La guerre a déjà commencé. Seul le courage peut ramener la paix.

Table

Prologue 9

Ils ne sont pas Charlie 21
Plutôt « Charles Martel » (22) – Des tartuffes intégristes (30) – Ces indivisibles qui divisent (41) – L'union fatale des communautaristes (51) – La guerre des gauches laïques et antilaïques (57) – Des islamo-marxistes contre l'« islamophobie » (65) – Des artistes sans humour ni courage (72) – Ces intellectuels qui confondent Kouachi et Dreyfus (77)

La véritable affaire des caricatures 85
Le contexte danois (86) – « Si on recule, c'est Munich » (92) – La couverture de Cabu (94) – Le procès (96) – L'après (99)

Les cibles du mot « islamophobie » 103
Critiquer le religieux n'est pas raciste (105) – Brouiller l'alerte (108) – Des sources douteuses (114) – Des faits et des fantasmes (118) – La culture de l'excuse (121)

Autocensure à l'anglo-saxonne 129
Panique, but don't laïque (131) – Deux visions de la laïcité et de la liberté d'expression (135) – La mondialisation de la censure (138) – Le risque de céder à la violence (141) – Autocensure par insécurité (148) – Le coût de la liberté (150)

Le blasphème n'est pas la haine 155
« Deux poids, deux mesures », vraiment ? (159) – L'« affaire Siné » (164) – Rire de la Shoah ? (169) – Vive le modèle pakistanais ? (172) – Concours de fanatiques (176) – L'ONU et la « diffamation des religions » (178)

Conclusion 181

*Composé par Nord Compo Multimédia
7, rue de Fives, 59650 Villeneuve-d'Ascq*

Cet ouvrage a été imprimé en France
par CPI Bussière
à Saint-Amand-Montrond (Cher)
en mai 2015

N° d'édition : 18898 – N° d'impression : 2016445
Première édition, dépôt légal : mai 2015
Nouveau tirage, dépôt légal : mai 2015